FRIDA KAHLO

FRIDA KAHLO

LAIA GONZÁLEZ POTRONY

ISBN: 84-9764-751-3
Depósito legal: M-28518-2005

Colección: Mujeres en la historia
Título: Frida Kahlo
Autor: Laia González Potrony
Coordinador general: Felipe Sen
Coordinador de colección: Mar de Ventura Fernández
Diseño de cubierta: Juan Manuel Domínguez
Impreso en: COFÁS

IMPRESO EN ESPAÑA – *PRINTED IN SPAIN*

ÍNDICE

Presentación 9

    I.   Mis abuelos, mis padres y yo 13
   II.   Mi nana y yo 19
  III.   Si Adelita... o los Cachuchas 27
  IV.   Accidente 37
   V.   Autorretrato con traje de terciopelo 45
  VI.   Balada de la Revolución 67
 VII.   Frida y Diego Rivera 83
VIII.   Gringolandia 89
  IX.   Henry Ford hospital 95
   X.   Unos cuantos piquetitos 103
  XI.   Autorretrato dedicado a León Trotski o Between
       the courtains... 111
 XII.   París y los surrealistas 125
XIII.   Las dos Fridas 129
XIV.   Moisés 145
 XV.   Árbol de la esperanza mantente firme 151
XVI.   El abrazo de amor de el Universo, la Tierra (Mé-
       xico), Yo, Diego y el señor Xólotl 155
XVII.   Alegremente espero la partida 161
XVIII.   Primera y última exposición de Frida en su tierra 167
XIX.   ¡Para qué quiero pies para andar si tengo alas
       para volar! 169

Anexo 175
Cronología 185
Bibliografía 189

A Jo, mi familia, mis amigos y compañeros de trabajo...
sin su apoyo no hubiera podido escribir este libro.

PRESENTACIÓN

Frida Kahlo fue una mujer adelantada a los tiempos que le tocó vivir. Destacó por infinidad de aspectos entre los que están el haber sido la esposa de Diego Rivera y no pasar a la historia como una de tantas sino como la pintora, la primera artista mexicana que expuso en el Louvre, una mujer extraordinaria cuya vida se desarrolló rodeada de dolor. Y ese dolor, a su vez, la condujo a transformarse en el mito que es ahora.

Es curioso como, a menudo, los grandes genios o artistas llegan a ello de manera casual, y al resto de humanos nos cuesta creerlo. Pues en el caso de Frida fue así y la casualidad, en su caso, se llamó accidente.

Frida sufrió un aparatoso accidente de tráfico en plena adolescencia, junto a su primer amor, que casi le quitó la vida pero que, en su lugar, le regaló la pintura. Tras pasar una convalecencia larguísima postrada en una cama, Frida conocía al milímetro su cuerpo y su espíritu y no tuvo reparo en plasmarlo con un pincel. Si hay que destacar sólo una cosa de Frida, la más sorprendente es, sin duda, la honradez y la franqueza con la que pintaba y se autorretrataba. De hecho, su obra resulta ser el mejor diario o biografía que nadie podría relatar jamás.

La pintura, de hecho, fue para Frida la vía de escape al dolor tanto físico como psíquico, y, a la vez, también supuso el relleno a las carencias que el accidente le obligó a tener, como el hecho de no poder formar una familia. Los dolorosos abortos por los que pasó debido a su insistencia en quedarse embarazada están representados en su obra de una manera muy cruda y franca, y es que

Frida, de bien jovencita, había llegado a mencionar que quería ser médico.

En la Escuela Nacional Preparatoria se unió a un grupo de jóvenes que se hacían llamar Los Cachuchas y allí empezó a forjar su ideología comunista. Se hizo miembro del Partido y conoció gracias a ello a quien sería la persona más importante de su vida, Diego Rivera.

Frida fue una persona muy tozuda. A pesar de los obstáculos, ella no dejaba de luchar por sus ideales. Ejemplo de ello es el amor que sentía hacia Diego, cuyas aventuras con otras mujeres no debilitaba. En su lugar, eso sí, Frida mantuvo otras relaciones con hombres, destacados en sus profesiones o de personalidad cautivadora, e incluso se dice, aunque no hay pruebas de ello, que Frida tuvo aventuras con otras mujeres. Sea como fuera, Diego y Frida no dejaron de sentir un amor y un respeto profesional enorme y exceptuando alguna separación durante su matrimonio, Frida le amó hasta el día de su muerte. Una gran parte de sus obras muestran a Diego en los retratos de Frida, a veces cercano a su pensamiento y otras veces cercano a su corazón.

De hecho, Diego fue quién la animó a seguir en el mundo de la pintura. El muralista veía en Frida a una joven con mucho talento y, antes de casarse, fue él quien le dijo que podía dedicarse a este menester puesto que tenía un don. Más adelante, cuando viajaron a los Estados Unidos por cuestiones de trabajo de Diego, éste la introdujo en los círculos artísticos y cuando Frida empezó a hacerse un nombre por los circuitos bohemios y fue llamada a exponer, era Diego quien la apoyaba en todo momento.

Frida quizá dependía más de Diego que al revés, pero aprendió rápido a disimularlo y a vivir con ello. Una de sus tácticas era hacerse amiga de las amantes que tenía su marido.

Siendo una adolescente, Frida siempre pensó que podría viajar por todo el mundo, sin embargo, las enfermedades, primero la poliomielitis y luego el accidente, provocaron que fuera su imaginación quien viajara por ella. A pesar de todo, Frida logró viajar ya estando casada con su marido. Nueva York, Detroit o San Francisco recibieron al matrimonio Rivera y le llenaron de halagos, quizás antes que en su patria natal. De todos modos, Frida, que era la mexicana más mexicana desde que se casó con Rivera, después de un tiempo fuera de su hogar echaba de menos su casa y, por ese motivo, la pareja mantuvo alguna que otra discusión. Frida, mientras peleaba por volver a México, realizó algunas de sus obras más significativas. *Autorretrato en la frontera entre México y Estados Unidos, Allá cuelga mi vestido* o *Henry Ford Hospital* muestran a Frida entre dos mundos. Estas obras revelan la Frida más crítica con el sistema norteamericano, la artista llamaba a los Estados Unidos gringolandia.

A Frida el reconocimiento le llegó pasada la treintena. En 1938 Rivera y Kahlo albergaron al matrimonio Trotski, y Frida mantuvo una secreta relación con el líder ruso. También en esa época André Breton viajó a México para dar unas conferencias y prolongó su estancia por varios meses. Breton quedó prendado de la obra y la personalidad de Kahlo a la que consideraba surrealista y consiguió que la artista tuviera su primera exposición individual. A partir de ese momento, Frida se ganó un lugar entre los pintores más destacados de la época. París la acogió y el mundo bohemio se rendía a sus pies. En esa época su matrimonio se tambaleaba y ella no podía esconder el dolor que sentía estando separada del muralista. Su salud se resentía de la pena con la que vivía pero ella, con orgullo y valentía, se mantuvo tanto física como económicamente gracias a su trabajo. En esa época hizo uno de sus cuadros más reconocidos, que además constituye su obra de dimensiones más grandes, *Las dos Fridas*.

Por otro lado, Frida era fiel a sus amistades, se mantenía en contacto con ellas mediante extensa correspondencia y, cuando su salud no se lo permitía, este medio de comunicación la unía con el mundo exterior. Por este motivo el libro recoge una buena muestra de las cartas que la artista escribió a lo largo de su vida. Una de las amistades que tuvo siempre más cerca fue el doctor Eloesser que se encargaba de la salud de Frida. Eloesser la ayudó en muchos aspectos, siempre que su salud estaba en horas más bajas, pero también cuando sus ánimos lo necesitaban, hasta el punto que

Eloesser fue quién consiguió unir de nuevo a la pareja Kahlo-Rivera.

Durante sus segundas nupcias, Frida experimentó grandes éxitos profesionales y el reconocimiento del pueblo mexicano. Fue elegida miembro del Seminario de Cultura Mexicana y premiada por el Ministerio de Cultura gracias a su trabajo *Moisés*. También fue una de las profesoras que impartió clases en la escuela La Esmeralda, dejando su particular huella en sus alumnos que se hicieron llamar «Los Fridos». Al mismo tiempo Frida empezó a escribir un diario, que años después de su muerte sería publicado, y que forma parte de su trabajo artístico dado que sus relatos vienen acompañados por dibujos e incluso bocetos de obras que la artista pintó también en lienzo.

Los últimos años de su vida estuvieron marcados por el dolor y por largas estancias en el hospital. En el año 1950 fue operada siete veces de la columna vertebral y pasó nueve meses hospitalizada. A su salida Frida, ya muy debilitada, sólo podía desplazarse con silla de ruedas. Sin embargo, la artista no cedió a la muerte y asistió a la inauguración de su primera exposición individual en México en su cama, puesto que los médicos le habían prohibido salir de ella. Tampoco quiso perderse la manifestación contra la intervención norteamericana en Guatemala, que supuso su última aparición en público.

En las páginas que siguen a continuación no he querido hacer más que reflejar la personalidad de una artista que aprendió a vivir con el dolor y sacar partido de él. Una mujer hermosa, valiente y apasionada que aún hoy sigue marcando y sorprendiendo a muchos, creando modas y siendo un orgullo para México.

Los capítulos en los que se divide este libro llevan el nombre de las pinturas de Frida ya que, como he dicho anteriormente, resultan ser la mejor de sus biografías.

I.   MIS ABUELOS, MIS PADRES Y YO

Si no hubiera sido pintora Frida Kahlo hubiera sido revolucionaria, eso seguro, sólo le falló haber nacido un poco tarde. Bueno, eso y... la salud, que quizá no la hubiera dejado ir de un lugar a otro pegando tiros. Aunque Frida Kahlo los pegó igualmente, a pinceladas.

Nació el 6 de julio de 1907 en Coyoacán, por aquel entonces un pueblo de la periferia de Ciudad de México, pero a ella le gustaba decir que había nacido tres años más tarde y así hacía coincidir su nacimiento con el inicio de la Revolución Mexicana (1910-1920). De hecho le gustaba creer que ella había llegado al mundo en el mismo momento que México aspiraba a realizar cambios radicales de orden social. ¡Vaya que vino al mundo con el nuevo México!

Coyoacán

Coyoacán hoy en día es considerado un barrio que forma parte del inmenso núcleo urbano que es México, D.F. Aunque realmente no parece ser parte de la gran metrópolis. En realidad, no lo era. Esta ciudad, si se considerara por sí sola, ya que tiene una población de unas 360.000 personas, ya era un asentamiento en el siglo XIV.

Hernán Cortés se instaló en Coyoacán y por un período de dos años mantuvo su capitanía aquí. Más tarde, se trasladó a Ciudad de México, pero, sin embargo, fue en Coyoacán donde se construyeron las primeras edificaciones de la era colonial, algunas como el

Palacio Municipal, que fue el palacio de Cortés, aún se mantienen en uso.

Por una calle empedrada de señoriales mansiones es posible adentrarse en este mundo de hermosas plazas, galerías de arte, restaurantes y vida bohemia. Su privilegiada situación le permitió ser un centro prehispánico a orillas del antiguo lago, sede de los poderes durante la reconstrucción de Tenochtitlan y asiento de magníficas casas en torno a una fundación franciscana del siglo XVI. Es precisamente frente al atrio de la iglesia de San Juan Bautista donde se desarrolla la vida social coyoacanense, enriquecida por cafés, bares, restaurantes, librerías y las vistosas fiestas populares que culminan durante la tumultuosa ceremonia del «grito» del 16 de septiembre.

Algunos dicen que este barrio obtiene su nombre porque era el lugar de los coyotes: *coyotl,* significa coyote y *huacan,* lugar en la lengua de los aztecas. No sabemos si será verdad pero también existe la leyenda que era en este pueblo donde un coyote agradecido le traía gallinas a un fraile que le había salvado la vida.

Existe otra leyenda, que no ha sido comprobada, que dice que fue en Coyoacán donde Cortés ahogó a su compañera doña Catalina. Los hechos ocurrieron la noche de Todos los Santos del año 1522. También se dice que a la intérprete, que tanto le ayudó, doña Marina, también terminó dándole muerte; pero esta otra leyenda toma lugar más tarde en Cuernavaca.

Por varias décadas muchos artistas y escritores han mantenido su residencia en Coyoacán. Las estrechas calles, paredes coloniales y frescos parques proporcionan la base de una comunidad relajada y muy artística. No es de extrañar, entonces, que muchas personas vengan a pasar los fines de semana en esta sección de la ciudad. Entonces los parques se llenan de artesanos, payasos y músicos. Por estas razones y muchas más, como estar bien cerca de la Universidad Nacional Autónoma de México y los muy bien atendidos cafés al aire libre, se considera a Coyoacán uno de los barrios más bohemios de México.

Y es que Coyoacán además de ser el lugar de nacimiento y muerte de Frida Kahlo y de su esposo Diego Rivera, recibió a León

Trotski y acogió a personajes como Octavio Paz, Celia Nutall, Salvador Novo y otras personalidades con ideas avanzadas. Su presencia es tangible no sólo en lo que fueron sus casas, sino en la intensa vida cultural que se despliega entre foros de teatro, escuelas y galerías. En Coyoacán pueden encontrarse museos singulares como el Anahuacalli concebido por Diego Rivera como una recreación del mundo prehispánico; el Museo Nacional de Culturas Populares (escaparate de las riquísimas expresiones del ser mexicano) o el insólito Museo de las Intervenciones dedicado a aquellos momentos en que fueron traspasadas las fronteras del país. Sin olvidar, claro está, la casa-museo de Frida Kahlo, la Casa Azul.

En el cuadro que da nombre al capítulo, Frida quiere explicar sus orígenes, aunque fuera pintado en 1936. En él se ve a una pequeña Frida, de unos tres años, de pie en la Casa Azul de Coyoacán, donde ella nació y murió. Sobre ella están representados su padres en una pose idéntica a la que adoptaron en una foto el día de su casamiento. Frida tomó de modelo esa foto para pintarlos. En el regazo de su madre hay un feto, que es ella misma antes de nacer. También a su lado Frida dibuja un óvulo que está siendo fecundado por un espermatozoide en su deseo de representar la fecundidad que la une a toda la familia. La pequeña Frida sostiene en su mano derecha una cinta roja que enmarca a sus padres y, que a la vez, también cerca los retratos de sus abuelos que se encuentran un nivel más arriba que sus padres. Los abuelos maternos flotan sobre las montañas de México y sobre los cactus típicos mexicanos (nopal). En cuanto a los abuelos paternos, se encuentran situados encima del mar, ellos proceden del otro lado del océano. Este cuadro no fue el único donde la artista quiso representar su árbol genealógico. Al final de su vida dejó un cuadro inacabado que llamado *Retrato de la Familia de Frida*. En esta obra, pintada durante su larga estancia en el hospital en 1950, Frida representó también a sus hermanas y a los hijos de una de ellas, sus sobrinos.

Magdalena Carmen Frieda Kahlo Calderón era la tercera de las cuatro hijas de Matilde Calderón y Guillermo (Wilhelm) Kahlo. Su padre, judío de origen húngaro-alemán, llegó a México con 19 años, pues no soportaba a su madrastra y su ciudad natal, Baden-Baden, se le quedaba pequeña. Lo primero que hizo al venir fue cambiar su nombre por el sinónimo español Guillermo. Guillermo Kahlo empezó a padecer ataques epilépticos paralelamente a la muerte de su madre y después de un accidente en el que sufrió un golpe en la cabeza. En México, además de dar con un país en lucha constante, encontró trabajo con facilidad y se casó con una mexicana que murió al dar a luz a su segunda hija. Las hijas de este primer matrimonio, Maria Luisa y Margarita, fueron internadas en un convento.

Por su parte, Matilde Calderón era la mayor de doce hijos, con eso ya es de imaginar que tuvo que aprender con rapidez las tareas domésticas y claro está que recibió la educación justa para contraer matrimonio con agilidad. Su padre era fotógrafo de origen indio. Era un mujer religiosa y recta, su madre había sido educada en un convento religioso y su abuelo fue general español. Sin embargo, Frida, aunque más próxima a su padre, la describía así: «Era una mujer bajita, de ojos muy bonitos, muy fina de boca, morena. Era como una campanita de Oaxaca, donde había nacido. Cuando iba al mercado ceñía con gracia su cinturón y cargaba coquetamente su canasta. Muy simpática, activa, inteligente. No sabía leer ni escribir; sólo sabía contar el dinero».

En cuestión de amor tampoco tuvo suerte Matilde Calderón. Cuando ambos se conocieron ella también estaba de luto reciente, pues su novio alemán se suicidó frente a ella dejándole una huella que nunca borraría. Es posible que el encuentro con Guillermo Kahlo fuera una manera para ella de sustituir a ese primer amor que no podría olvidar jamás. Y escogió a otro alemán que, eso sí, era un buen partido y trabajaba con ella en la joyería La Perla. Guillermo, en cambio, sí que la amaba con sinceridad. Se casaron en 1898.

Al poco tiempo de casarse, Guillermo Kahlo cambió de trabajo. Su suegro le enseñó el arte de la fotografía para ver si podría instalarse como fotógrafo profesional por su cuenta. Y le fue bien, pues durante el mandato de Porfirio Díaz recibió el encargo de

Un accidente de tráfico llevó a Frida Kahlo al mundo de la pintura, llegando a ser la primera artista mexicana en exponer en el Louvre.

17

fotografiar el patrimonio cultural nacional de México. La vida les iba bien y Guillermo pasaba tiempo fuera de casa, no le gustaba la idea de acabar como esos fotógrafos en un estudio encerrado y ser el encargado de fotografiar el patrimonio nacional de México no le dejaba estar mucho en casa. La casa era tarea de Matilde pero ella quería vivir más en el centro, no tan alejados de la ciudad. Por este motivo buscaron casa y encontraron una en Coyoacán. En la confluencia de las calles Allende y Londres. En un solar de 800 metros cuadrados construyeron la que sería la Casa Azul, la que vio nacer y morir a Frida Kahlo. La casa fue pintada por completo de azul, tenía espacios abiertos, era como un sueño. Pero la Revolución Mexicana puso fin a este empleo y complicó un poco la subsistencia de la familia.

II. MI NANA Y YO

Mi madre no me pudo amamantar porque a los once meses de
nacer yo nació mi hermana Cristina. Me alimentó una nana a
quien lavaban los pechos cada vez que yo iba a succionarlos. En
uno de mis cuadros estoy yo, con cara de mujer grande y
cuerpo de niñita, en brazos de mi nana, mientras de sus pezo-
nes la leche cae como del cielo, así contaba Frida Kahlo un
recuerdo de su niñez a la crítica de arte Raquel Tibol.

Esa falta de relación tan íntima con su madre puede explicar en
parte la relación discrepante que ambas mantuvieron toda su vida.
En el cuadro de 1937 *Mi nana y yo* se muestra la falta de cariño,
pues no existe contacto ni visual con la niña por parte de la nana.
Fue contratada sólo para dar pecho al bebé y no se estrecharon más
lazos que los necesarios para llevar a cabo esta tarea.

El lado positivo de dejar de ser la pequeña con tanta rapidez es
probablemente que Frida espabiló antes, sin tantos mimos ni privilegios como suelen tener los demás chicos en sus casas. Como
afirma Rauda Jamis en su biografía de Frida: *La niña salió lista,*
en el sentido de que era viva, atenta, astuta, más bien autónoma
y a veces, más tarde casi solitaria —tanto como se puede ser en
una familia de cuatro hermanas—. Frida llegó después de Matilde
junior y Adriana, las mayores. Y hasta su nombre ya trajo problemas en el matrimonio de sus padres, un problema menor, pero un
problema. Su padre quiso que su tercera hija tuviera un nombre
alemán, y pensó que Paz, en alemán Friede, era una buena elección, pero a la hora de bautizarla ese nombre dio problemas, pues
el cura no consentía poner un nombre que no existía en el santo-

ral así que apostaba por ponerle María Paz. Por supuesto su madre no la iba a dejar sin bautizar. Pero Guillermo Kahlo no cedió y la niña acabó llamándose: Magdalena Carmen Frida. Y con Frida se quedó. Al ver crecer a su hija, Matilde en alguna ocasión recordó a su marido que eso de que el nombre de la niña significase paz no se notaba en el carácter de la niña, pero Guillermo aclaró a su esposa que paz no significaba tranquilidad vegetativa. Añadió, además, que la niña era más inteligente que las otras. No se sabe cómo pero el padre de Frida veía en sus hijas algo más que su madre, y acertó.

Si la relación con su madre no fue muy buena, con su padre, en cambio, la relación fue muy distinta.

Retrato de mi padre

Pinté a mi padre Wilhem Kahlo, de origen húngaro-alemán, artista fotógrafo de profesión, de carácter generoso, inteligente y fino, valiente porque padeció durante sesenta años epilepsia, pero jamás dejó de trabajar, y luchó contra Hitler, con adoración.

Su hija Frida Kahlo.

Con esta dedicatoria acababa Frida Kahlo su retrato a su padre, el año 1951. A él se sentía muy unida, pues la ayudó mucho cuando enfermó de poliomelitis a los seis años, le daba ánimos cuando su pierna quedó muy atrofiada y en el colegio la llamaban «Frida la coja». Daban paseos, durante los cuales su padre le enseñaba el uso de la cámara a Frida. También le enseñó a revelar, retocar y colorear los retratos, actividades que fueron muy útiles para la pintura de Frida. En el diario que Frida empezó a escribir hacia 1942 apuntó sobre su padre: *Mi niñez fue maravillosa. Aunque mi padre estaba enfermo, para mí constituía un ejemplo inmenso de ternura, trabajo y, sobre todo, de comprensión para todos mis problemas.*

La obra está basada en una fotografía que seguramente fue tomada por él mismo y fue pintada once años después de la muerte de éste a consecuencia de un ataque al corazón. Los colores de la obra sugieren la seriedad del progenitor de Frida. Su ceño fruncido y la mirada extraña no hacen más que señalar esa característica. Además Frida puso énfasis en asimilar esos ojos con el objetivo de su cámara, grandes, brillantes y muy redondos. Es por este motivo que el cuadro resulta inquieto y hasta realza una personalidad obsesiva por parte de su padre. Sin embargo no deja de subrayar la tranquilidad como uno de los rasgos característicos de Wilhem Kahlo.

En su barrio, llamaban a Frida «pata de palo» y eso a ella la ponía furiosa y con mucha valentía se enfrentaba a quién se lo dijera. El doctor le había recomendado que practicase mucho deporte pero era necesario mucho coraje y Frida lo tenía. Corría, iba en bicicleta... era incansable para abrocharse las interminables botas ortopédicas y poniéndose un doble calcetín para disimular la delgadez de su pierna. Pero aún así no podía cerrar los ojos a la realidad ni hacer oídos sordos a los crueles comentarios de la gente. Además en su casa ya no vivían de manera tan acomodada, su reeducación costaba una fortuna y su padre ya no podía trabajar fuera del estudio como hubiera querido. Pero aun viviendo con dificultades, su padre siempre estuvo a su lado, mucho más que con el resto de sus hijas.

Retrato de Cristina, mi hermana

En este cuadro, en realidad en todos los que pintó durante los años 1928 y 1929, se revela la influencia del pintor Diego Rivera, tanto en el estilo como en la temática. Contornos duros y rígidos caracterizan a partir de ahora su estilo pictórico. Un pequeño árbol al fondo de la obra contrasta con la rama que se ve en primer plano, aludiendo así a la configuración espacial.

De sus hermanas, con la que mantuvo una relación más estrecha fue con Cristina, quizás también por la mínima diferencia de edad que mantenían, aunque de carácter no se parecieran en casi nada. Frida cuidaba de Cristina y la llevaba con ella a todas partes. Cristina la imitaba y la seguía adonde fuera. Además, como Cristina hablaba con onomatopeyas, Frida servía de enlace de comunicación entre Cristina y el resto del mundo. Las dos hermanas fueron juntas al parvulario. Y también ellas dos eran las que huían de las pesadas oraciones de antes de la comida y de las interminables horas de catecismo que su madre les imponía. Mientras todos oraban en la mesa ellas dos rehacían sus propias oraciones y se reían a carcajada limpia. Aunque contra todo pronóstico la gran travesura familiar no estuvo protagonizada por ninguna de ellas dos sino por Matilde, la mayor. Aunque Frida también puso su granito de arena.

Matilde tuvo un novio con tan sólo 15 años y quería vivir su vida con él, lejos de sus padres. Así que le confesó a Frida su amor y le pidió un pequeño favor para llevar a cabo su fuga. Ella asintió y así permitió que Matita dejara la Casa Azul por cuatro años y se marchara a Veracruz. Aunque pasado ese tiempo también fue Frida quién dio de nuevo con el paradero de su hermana. Una compañera de la Escuela Preparatoria le dijo que había visto a una mujer que se parecía mucho a ella y que se llamaba Matilde Kahlo. Frida fue a buscarla y la encontró. Entonces sus padres no saltaron de alegría ante la noticia. Matilde empezó entonces a dejarles cosas, pequeños regalos, enfrente de su casa para intentar de nuevo un acercamiento con su familia. Así cuenta Frida el relato en su diario:

A los siete ayudé a mi hermana Matilde, que tenía 15, a que se escapara a Veracruz con su novio. Le abrí el balcón y luego cerré como si nada hubiera pasado. Matita era la preferida de mi madre y su fuga la puso histérica (...) Cuando Mati se fue, mi padre no dijo una palabra...

Durante algunos años no volvimos a ver a Matita. Cierto día, mientras viajábamos en un tranvía, mi padre me dijo: «¡No la encontraremos nunca!» Yo lo consolé y en verdad mis esperanzas eran sinceras [porque una amiga me había dicho]: «Por la colonia Doctores vive una señora parecidísima a ti. Se llama Matilde Kahlo». La encontré al fondo de un patio, en la cuarta habitación de un largo corredor. Era un cuarto lleno de luz y pájaros. Matita se estaba bañando con una manguera. Vivía allí con Paco Hernández, con el que después se casó. Gozaban de buena situación económica y no tuvieron hijos. Lo primero que hice fue avisar a mi padre que ya la había encontrado. La visité varias veces y traté de convencer a mi madre de que la visitara, pero no quiso.

Pasaron doce años desde la fuga hasta que Matilde no hizo las paces con toda la familia.

Revolución

Tres años después del nacimiento de Frida empezó la Década Trágica, para algunos mágica; en su diario la artista recogió sus recuerdos al respecto:

Recuerdo tener cuatro años (cinco en realidad) cuando tuvo lugar la «decena trágica». Con mis propios ojos vi la batalla entre los campesinos de Zapata y los carrancistas. Mi ubicación era muy buena. Mi madre abrió las ventanas que daban a la calle Allende para dar entrada a los zapatistas, y se encargó de que los heridos y los hambrientos saltaran de las ventanas de la casa a la «sala de estar». Ahí los curó y les dio gorditas de maíz, lo único que se podía conseguir de comer durante esos días en Coyoacán (...) Éramos cuatro hermanas: Matita, Adri, yo (Frida) y Cristi, la gordita (...)

Durante 1914, sólo se oía el silbido de las balas. Toavía recuerdo su extraordinario sonido. En el tianguis (lugar donde se realiza la contratación pública de géneros) de Coyoacán se vendía propaganda a favor de Zapata, en forma de corridos editados por (el impresor José Guadalupe Posada). Los viernes cada hoja costaba un centavo. Cristi y yo contábamos las baladas encerrándonos en un gran armario que olía a madera de nogal, mientras mis padres vigilaban para que no cayéramos en manos de los guerrilleros. Recuerdo como un carrancista herido corrió hacia su cuartel (ubicado cerca) del río Coyoacán. Desde la ventana, también pude ver como un zapatista, que había sido herido en la rodilla por un balazo, se agachó para ponerse los huaraches (sandalias).

El lema de esta revolución era claro: «Tierra y libertad». Y es que durante el mandato de Porfirio Díaz, que quería revalidar a sus años 80 años la presidencia por sexta vez, se produjo un notable desarrollo económico para ciertas clases sociales, los hacendados y la clase media emergente, que sería la que se rebelara contra él, en nombre de la democracia. A los que no les llegó ninguna mejora fue a los campesinos que vieron como los hacendados les desposeían de muchas tierras.

En 1910, según el censo, había en México 15.160.369 habitantes, de los que 840 eran hacendados (dueños de la mayor parte de las tierras), 411.096 eran rancheros, y tres millones de jornaleros del campo, de cuyo salario rural dependían 12 millones de personas.

Fue una revolución anunciada. El insurgente Francisco I. Madero (también llamado el Apóstol de la democracia) leyó un manifiesto donde comunicaba cuándo iba a empezar la revuelta. Este anuncio ayudó a la policía a frenar a cientos de conspiradores y a asesinar a los cabecillas. Aun así, la convocatoria tuvo un efecto mucho mayor del esperado.

La insurrección destapó las esencias reivindicativas acumuladas en un siglo de independencia, tres de virreinato y muchos más de imperialismo azteca y de otros poderes hegemónicos indígenas. Los insurgentes eran en su mayoría campesinos, excelentes jinetes, magníficos tiradores, valientes y muy poco disciplinados, que hicieron la vida imposible a las tropas federales.

Destacaron dos insurrectos: Emiliano Zapata y Doroteo Arango, es decir, Pancho Villa. Este último, a pesar de ser analfabeto hasta que alcanzó su juventud, supo aprovechar la propaganda de un medio que nacía con la revolución: el cine. Villa apareció en documentales y hasta se filmó una película autobiográfica. Además se permitió el lujo de saquear el pueblo de Columbus,

Nuevo México, la única invasión que ha sufrido EE.UU. en su historia.

Zapata, por su parte, operaba en el centro-sur al frente de una guerrilla campesina que adoraban la tierra que cultivaban y que, tras atacar el objetivo, desaparecían y volvían a integrarse a sus hogares y a sus tareas del campo. Villa, en cambio, estaba al servicio de Madero. En general, los alzados no tenían una ideología muy definida aunque aspiraban a mejorar la vida de los mexicanos y a ampliar las cotas de libertad.

Los revolucionarios obtuvieron victorias no decisivas, pero Porfirio acabó presentando su renuncia el 25 de mayo de 1911. Las elecciones que siguieron a su retirada fueron las más limpias y sinceras de la historia de México. Ganó Madero que gobernó como si hubiera una auténtica democracia y respetó a las otras fuerzas políticas. Aún así quedaban en pie las fuerzas del antiguo régimen que le empujaron a negociar con Zapata. El fracaso fue claro y a éste se le sumaron dos cosas: la insostenible situación de Madero y los levantamientos de algunos de los generales surgidos de la revolución. En concreto, Huerta, que orquestaba en la ciudad de México, recibió ayuda del embajador de los EE.UU. y todo terminó con la detención de Madero y su vicepresidente que fueron obligados a dimitir.

El único opositor a la nueva situación fue el gobernador de Coahuila, Venustiano Carranza, que tampoco pudo frenar la llegada, en abril de 1914, de las fuerzas norteamericanas que desembarcaron en Veracruz. Aún así, prevaleció y fue elegido presidente en 1917, el mismo año que se aprobó la Constitución, todavía vigente, anticlerical, muy progresista en lo social, restrictiva en lo político, que da grandes poderes al presidente y menos a las Cámaras legislativas. A pesar de todo, cuando iba a finalizar su mandato y un año después de la muerte de Zapata, Carranza fue asesinado. La misma revolución mataba a sus propios hijos.

A este último presidente le siguió Obregón que fue elegido en 1920 y que durante su mandato repartió tierras entre los desheredados, incorporó a la revolución a amplios sectores sindicales, y nombró secretario de Educación a José Vasconcelos, el hombre que hizo florecer la cultura en todos los niveles, sobre todo en el de la pintura mural. Pero Obregón también fue quién acabó con Pancho Villa y el que confió en Plutarco Elías Calles para alternar la presidencia. Esto último le costó la vida y Calles, que aprendió la lección, no quiso desempeñar el cargo de presidente. Calles, dirigió desde la sombra y se otorgó el título no oficial de jefe Máximo de la Revolución. En 1929 fundó el Partido Nacional Revolucionario -PNR- y designó a tres presidentes sucesivos, que manejó como quiso, y a un cuarto, que ya no se dejó. Ante esta situación el pueblo maldecía:

Oaxaca dio dos caudillos (Juárez y Porfirio),
dos caudillejos (Madero y Carranza)
Sonora nos dio dos pillos (Obregón y Calles)
y Michoacán, dos pendejos (los que nombró el jefe Máximo).

Uno de estos fue el general Cárdenas, que impulsó el reparto de tierras, nacionalizó el petróleo, aumentó el gasto social, cimentó la nación y dio sentido a la última sigla del PNR, antes de que se cambiara por la I de Institucional.

III.   SI ADELITA... O LOS CACHUCHAS

En 1922 Frida entró en la Escuela Nacional Preparatoria —la mejor institución docente de México—. Hacía muy poco que se aceptaba a mujeres en el centro y el año que ella empezó, era una de las 35 chicas que habían tenido el privilegio de ser admitidas. La escuela le abriría un nuevo mundo a Frida que se alejaba de su círculo familiar para descubrir la ciudad de México, que se estaba inventando como nación moderna con la ayuda de los estudiantes. En esto discrepaba su madre y fue motivo de discusión con su padre, pues Matilde Kahlo no veía con buenos ojos que su hija tuviera que ir a una escuela tan alejada de su hogar y donde además había una mayoría clara de chicos que podían ser una mala influencia para Frida. Su padre, precisamente quería que su hija (como si se tratara de su único hijo) llegará a ejercer una profesión y se formara para ello en la mejor escuela que conocía. A Frida le interesaban mucho las ciencias naturales, especialmente la biología, la zoología y la anatomía, uno de sus sueños hubiera sido llegar a ser médico.

La escuela era cuna de algunas generaciones de científicos, universitarios, intelectuales, responsables de la nación y había sufrido algunas modificaciones desde 1910.

Bajo la influencia de Porfirio Díaz, se había incorporado a las corrientes nacionalistas originadas por las revoluciones. La escuela se había convertido en un centro del renacimiento del sentimiento patriótico mexicano. Se exaltaba el regreso a los orígenes, se valoraba cualquier pertenencia a raíces indígenas. Pero también había una incitación a inspirarse en la herencia occidental, gracias a una política cuya ambición en materia de cultura era poner a los clásicos a la disposición de todos. Para ello se editaban masivamente obras de grandes autores, se organizaban conciertos gratuitos o casi, y se abrían los gimnasios al público. Fue un gran momento para los muralistas como José Clemente Orozco, David Alfaro Siqueiros o Diego Rivera que se encargaron de transmitir los ideales o la historia a toda la gente.

Así se encontró la escuela y la ciudad Frida al ser admitida. Además Frida ya no tendría que enfurecerse con los que se burlaban de su físico y poco a poco logró olvidar su pierna. A nadie le importaba, la gente tenía mayores aspiraciones. La ciudad le pareció asombrosa. La escuela se encontraba en el barrio del Zócalo.

Frida en ese momento dejó la soledad que la acompañó toda su vida para formar parte de un grupo llamado los Cachuchas. Se llamaban así porque sus miembros llevaban unas gorras de traficante como símbolo de identificación. Estaba formado por nueve miembros, dos de ellos mujeres. Alejandro Gómez Arias, José Gómez Robleda, Manuel González Ramírez, Carmen Jaime, Frida Kahlo, Agustín Lira, Miguel N. Lira (al que Frida llamaba «Chong Lee» por lo mucho que sabía de la poesía china), Jesús Ríos y Valles (al que Frida puso el mote de «Chucho Paisajes», por sus apellidos), y, por último, Alfonso Villa. Todos ellos llegaron a ser profesionales destacados de México.

Algunos de estos miembros están retratados en la obra que da nombre al capítulo, *Si Adelita... o Los Cachuchas*. Un trabajo compuesto de elementos unidos a modo de *collage* que, simbólicamente, representan personas sentadas en torno a una mesa y caracterizados por los atributos de sus intereses (una ficha de dominó, un disco de una orquesta de *jazz,* un *couvert* (cubierto) de cartas o el texto de la canción popular «La Adelita») A sí misma se retrató de manera muy similar en su *Autorretrato con vestido de terciopelo*. Debajo de éste se puede ver parte del *Retrato a Ruth Quintanilla,* que pintó poco antes de esta obra y, a su derecha, se identifica el perfil de Octavio Bustamante, cuyo libro *Invitación al dancing* aparece representado arriba a la izquierda. El músico y compositor Ángel Salas se encuentra a la izquierda y su obra aparece aludida en la hoja de música de arriba a la derecha. Al lado de

28

éste se ve de espaldas a Carmen Jaime y por encima de ella está sentado Alejandro Gómez Arias, su amor de juventud. Ante las manos de éste aparece una bomba en alusión a las jugarretas que hacía el grupo. Arriba en el centro está Miguel N. Lira, (o Chong-Lee) amante de la poesía china.

Eran partidarios de las ideas social-nacionalistas que José Vasconcelos promulgaba y leían mucho: filosofía, literatura y poesía extranjera o hispanoamericana, periódicos y manifiestos contemporáneos. Luego cada uno de ellos contaba lo que había leído y debatían sobre ello y competían para saber quién de ellos había leído con mayor rapidez. En la escuela querían hacer reformas y su modo de conseguirlo, en ocasiones, no seguía las normas establecidas. Se dedicaban a hacer travesuras en la escuela. En una ocasión recorrieron los pasillos del edificio montados en un burro, en otra, le pusieron cohetes a un perro y los prendieron, cosa que al pobre animal le hizo ladrar y ladrar por toda la escuela.

Frida aprendió la camaradería y el significado de la amistad en la escuela. Además de ir con este grupo también tenía amistad (eran también manís o cuates) con gente que formaba parte de otras pandillas de la escuela. Pero con las chicas de la escuela era distinto. Frida creía que eran unas cursis y las llamaba escuincles (es el nombre de un tipo de perro mexicano que no tiene pelo) y, no iba al lugar destinado para las mujeres cuando no había clases. En esa época vestía y actuaba como si fuera un marimacho. Con la que congeniaba y mucho era con la otra cachucha Carmen Jaime, una chica que leía filosofía a todas horas y que en ocasiones usaba capa. De ahí que se hubiera ganado el sobrenombre de «Vampiro» o «James».

Además de las gamberradas en la escuela, los Cachuchas se la tenían jurada a muchos profesores porque, a su modo de ver, eran somníferos o no contestaban a sus preguntas y, por lo tanto, no les respetaban. Tampoco sentían mucho aprecio por los pintores. Y, en la época que entró Frida a la escuela, Vasconcelos había encargado a algunos muralistas que pintaran en la preparatoria. Así que una de sus travesuras consistía en incendiar los andamios donde trabajaban. Curiosamente Frida conoció a Diego Rivera cuando éste pintaba un mural en el auditorio de la escuela. Pero Frida no sintió ningún tipo de afecto hacia él en aquel momento, es más, el que después sería su marido fue objeto de varias bromas por parte de Frida. Una vez, por ejemplo, le robó el almuerzo, que Rivera siempre llevaba a la escuela en una cesta, y, en otra ocasión, Frida intentó, sin lograrlo, que Rivera cayera al suelo enjabonando los escalones por los que iba a pasar el pintor. Además, como Diego llevaba muchas veces mujeres que le hacían de modelos para sus murales, (alguna de ellas como Lupe Marín fueron también sus amantes o sus esposas, como sucede en este caso) Frida le gastaba bromas como gritar para avisarle que llegaba su esposa y así no dejar que el muralista flirteara con sus modelos. En una ocasión, Frida pidió ver cómo pintaba Rivera estando la esposa de éste presente, Lupe Marín, a lo que el pintor accedió sin problemas. Pero el tiempo pasaba y a Lupe le empezaba a molestar que esa niña no dejara de observar cómo el pintor trabajaba. Entonces Lupe invitó a Frida a que se marchara pero ésta la ignoró por completo. Pasó el rato y entonces Frida que no había hecho ningún tipo de caso a Lupe, se levantó, se despidió y abandonó el lugar con un simple «Buenas noches». Pasado el tiempo el muralista explicaba este episodio con detalle en su autobiografía:

Una noche estaba pintando hasta arriba en el andamio mientras Lupe tejía abajo, cuando escuchamos un fuerte griterío y empujones contra la puerta del auditorio. De repente ésta se abrió de un golpe y una niña, que no parecía tener más de diez o doce años, fue impulsada hacia adentro.

Vestía como cualquier otra alumna, pero sus modales la distinguían de inmediato. Poseía una dignidad y confianza en sí misma poco comunes y un fuego extraño brillaba en sus ojos. Su belleza era la de una niña, mas sus senos estaban bastante desarrollados.

Miró directamente hacia arriba. «¿Le causaría alguna molestia que lo viera mientras trabaja?», preguntó.

«De ningún modo, señorita, me encanta», contesté.

Se sentó y me miró en silencio, los ojos fijos en cada movimiento de mi pincel. Al cabo de unas horas, se despertaron los celos de Lupe, y empezó a insultar a la niña, la cual, sin embargo, no le hizo caso. Desde luego, eso enfureció aún más a Lupe. Apoyando las manos en las caderas, se acercó a la niña y la desafió agresivamente. Ésta sólo se puso rígida y devolvió la mirada sin pronunciar palabra alguna. Visiblemente asombrada, Lupe la miró de manera airada por largo tiempo. Después sonrió y me dijo, con un tono de admiración reconocida a regañadientes: «¡Mira a esta niña! Por pequeña que sea, no teme a una mujer alta y fuerte como yo. Realmente me cae bien».

La niña se quedó ahí más o menos unas tres horas. Al salir, sólo dijo: «Buenas noches». Un año después supe que era la dueña oculta de la voz que salió por detrás del pilar y que se llamaba Frida Kahlo. Sin embargo no tuve ni idea de que algún día sería mi esposa.

A pesar de esta anécdota nada podía hacer pensar que Frida Kahlo se hubiera podido enamorar de Diego Rivera, un hombre mucho mayor que ella y objeto de sus burlas. Sólo un comentario de Frida a sus amigas demostró que, quizás, sí que había hecho mella en ella el haberle visto trabajar. Quizás Frida quedó fascinada por la pintura y le contó muchas cosas sorprendentes de un hombre que a primera vista no le había atraído para nada. De todos modos, sin conocer cómo se pudo enamorar de Diego, la verdad es que, delante de un grupo de amigas con las que estaba tomando un helado en Coyoacán, Frida anunció que ella tendría un hijo de Diego Rivera. Ante tal afirmación sus amigas se echaron a reír y le replicaron que Diego era un viejo «barrigón, mugriento, de aspecto horrible», a lo que Frida contestó: «Diego es bondadoso, cariñoso, sabio, y encantador. Lo lavaría y limpiaría». Y acabó diciendo que tendría su hijo «en cuanto lo convenza para que coopere».

A pesar de esta afirmación la verdad es que Frida se enamoró pero, de momento, no de Diego Rivera, sino de Alejandro Gómez Arias, uno de los miembros de los Cachuchas.

Yo había sonreído. Nada más. Pero la claridad fue en mí, y en lo hondo de mi silencio.
Él me seguía. Como mi sombra, irreprochable y ligera.
En la noche, sollozó un canto (...)
Los indios se alargaban, sinuosos, por las callejas del pueblo.
Iban envueltos en sarapes, a la danza, después de beber mezcal.
Un arpa y una jarana eran la música, y la alegría eran las morenas sonrientes.
En el fondo, tras el Zócalo, brillaba el río. Y se iba, como los minutos de mi vida.
Él me seguía.
Yo terminé por llorar. Arrinconada en el atrio de la Parroquia, amparada por mi rebozo de bolita, que se empapó de lágrimas.

Frida escribió este poema a ningún receptor en concreto, podemos suponer que estaba en la edad de las enamoradizas, que había dejado un poco atrás a esa niña solitaria y acomplejada por las señales que la poliomielitis dejó en su físico. Unos meses más tarde *El Universal Ilustrado* lo publicó en sus páginas.

El anuncio estaba hecho, pero ella no quería creérselo pues con Alejandro Gómez Arias todo empezó con una amistad. Los otros manis del grupo ya les pinchaban diciendo que se querían como algo más que amigos pero Frida se enfadaba con ellos antes sus insinuaciones. Alejandro venía de familia burguesa, era inteligente, culto y con fama de buen orador. Y aunque quisieran huir de ello, lo que empezó con una amistad terminó por ser el primer amor de Frida Kahlo.

Según Alejandro, Frida «era espontánea, quizá un poco ingenua y cándida en su manera de ser, pero con una viva y dramática necesidad de descubrir la vida». Después de las clases solían caminar y hablar durante horas y cuando se tenían que separar se enviaban cartas que Alejandro conservó por muchos años. En ellas se puede apreciar como Frida escribía con una franqueza sorprendente, señal de la adolescente que era. Y su ímpetu se mostraba en su manera de expresarse ya que las palabras y frases carecían de comas y separación por puntos y párrafos. Además las cartas siempre llevaban algún motivo decorativo que Frida dibujaba y que era reflejo de cómo se sentía: caras lloronas (Alejandro la llamaba a menudo lagrimilla) o alegres, besos, símbolos, etc.

Frida también inventó para sus cartas una firma que consistía en un triángulo isósceles apuntando hacia abajo. A veces le daba vida a esta figura dibujando en su interior rasgos faciales. Su lenguaje también era particular ya que combinaba el español con el inglés. Como se puede ver en esta carta de 1926:

My Alex:
No soy one pelada como you pensó anoche, porque no me despedí of you (...) Si you want mañana viernes, mi lo verá in the night, in the little tree, pa' darnos al amor (...) Yo necesito que varias veces you me diga (...) «don't be lagrimilla» —it's very sweet for me.

La primera de las muchas cartas que se mandaron tiene fecha de 15 de diciembre de 1922. Aquí Frida se muestra como una niña católica y bien educada.

Alejandro: He sentido mucho lo que te ha pasado y verdaderamente sale de mi corazón el pésame más grande.
Lo único que como amiga te aconsejo es que tengas la bastante fuerza de voluntad para soportar semejantes penas que Dios Nuestro Señor nos manda como una prueba de dolor supuesto que al mundo venimos a sufrir.
He sentido en el alma esa pena y lo que le pido a Dios es que te dé la gracia y la fuerza suficiente para conformarte.

Frieda

Pero este tono desaparecería con rapidez ya que Frida y Alejandro se enamoraron en el verano de 1923, y las cartas que intercambiaron a partir de entonces fueron mucho más íntimas. Además, como los padres de Frida no aprobaban la relación, debían encontrarse a escondidas e inventar pretextos que les permitieran verse. También para escribir, Frida debía disimular e incluso pedir ayuda a su hermana Cristina para que mandara sus cartas a Alejandro. Cristina era su cómplice.

Las separaciones eran frecuentes ya que durante el transcurso de las vacaciones o también por el estallido de la rebelión contra el presidente Obregón, no pudieron verse y se mantenían en contacto a través de la correspondencia. El secretario de Educación Pública, Vasconcelos, dimitió de su cargo y los estudiantes que estaban a su favor descargaron su ira contra las obras de los muralistas y prepararon manifestaciones en apoyo de Vasconcelos. Entre ellos, estaban los Cachuchas, pero no Frida. Su madre no la dejaba salir cuando había revueltas y ella se sentía muy triste por no poder ir. Así se lo comunicaba a Alejandro:

Estoy triste y aburrida en este pueblo. Aunque es bastante pintoresco, le falta un no sé quién que todos los días va a la Iberoamericana.

Frida no soportaba estar encerrada en Coyoacán:

Cuéntame que hay de nuevo en México, de tu vida y todo lo que me quieras platicar, pues sabes que aquí no hay más que pastos y pastos, indios y más indios, chozas y más chozas de los que no se puede escapar, así que aunque no me creas estoy muy aburrida con b de burro (...) cuando vengas por amor de Dios tráeme algo que leer, porque cada día me vuelvo más ignorante.(Discúlpame por ser tan floja).

Además de separarse por la fiestas de Navidad, ambos volvieron a hacerlo cuando ella estuvo en un retiro. A pesar de·no creer mucho en la confesión, mantenía su fe. En sus cartas, le contaba a Alejandro los ejercicios que hacía:

En la comunión general nos dieron la bendición papal y se concedieron muchas indulgencias, todas las que uno quisiera, yo oré por mi hermana Maty y como el sacerdote la conoce dijo que también rezaría mucho por ella. También oré a Dios y a la Virgen para que todo te salga bien y me quieras siempre, y por tu madre y tu hermanita (...)

A mediados de 1924 Frida se sentía aún más enamorada de Alejandro y necesitaba que él le mostrara sus sentimientos hacia ella constantemente. Frida, también empieza a llamarse a sí misma como la «mujercita» de Alejandro y empieza a planear un viaje por los Estados Unidos con él. En relación con el sexo Alejandro cuenta que Frida «era sexualmente precoz. Para ella, el sexo constituía una manera de disfrutar de la vida, una clase de impulso vital».

Frida trabajaba para poder conseguir el dinero suficiente para realizar el viaje de sus sueños con Alejandro pero, parte del dinero que ganaba, debía dárselo a su familia. Frida recuerda este episodio de su vida:

Como mis padres, no eran ricos, tuve que trabajar en una carpintería. Mi trabajo consistía en controlar cuántas vigas salían cada día, cuántas entraban, cuál era su color y su calidad. Trabajaba por las tardes, y por las mañanas iba a la escuela. Me daban sesenta y cinco pesos al mes, de los que no tocaba ni un céntimo.

Sin embargo, el trabajo le permitía tener mayor libertad para poder verse con Alejandro.

Durante mucho tiempo ayudó a su padre en el estudio fotográfico pero también quería hacer otros trabajos y no era fácil encontrarlos. Trabajó de cajera en una farmacia pero siempre había problemas al final del día con el dinero de la caja y gran parte de su sueldo servía para equilibrar lo que faltaba en las cuentas. Para intentar entrar a trabajar en la biblioteca de la Secretaría de Educación Pública, estudió taquigrafía y mecanografía en 1925. En palabras de Alejandro, para cuando quiso entrar a trabajar en la biblioteca, conoció a una empleada de allí que la sedujo. Podría coincidir este hecho con lo que Frida contó años más tarde a una amiga cuando le explicó que su iniciación en las relaciones homosexuales, con una de sus «profesoras» fue traumática ya que sus padres se enteraron y se montó un escándalo.

Otro de los trabajos que realizó Frida fue en una fábrica, por poco tiempo, y, también, más adelante se puso a trabajar como aprendiza de grabado. En este último puesto aprendió a dibujar mediante la copia de estampas hechas por el impresionista sueco Anders Zorn, y descubrió que tenía mucho talento. El trabajo lo consiguió a través de su padre ya que el dueño era el impresor comercial, amigo de su padre, Fernando Fernández. Según Alejandro, Frida tuvo una aventura con este hombre.

Para entonces Frida ya tenía la mayoría de edad y era una mujer moderna, con el optimismo de los años veinte y desafiante de la moral convencional ante la desaprobación de sus compañeros más conservadores. Algunas de las fotos de esta época reflejan esta parte de su carácter. En muchas de ellas aparecía vestida de hombre. No se sabe muy bien si para disfrazarse o para llamar la atención. Aunque quizás también hubiera una intencionalidad tras esa vestimenta. En alguna ocasión a Frida se le habían oído afirmaciones como: «Los hombres son los reyes. Dirigen el mundo». Y quizá intentara demostrar que su fortaleza era la misma que podía tener un hombre. Por ejemplo, el que sería su marido de aquí a unos años dijo de ella que Frida era «la pintora más pintor». Más adelante volveremos a ver detalles que muestran esta masculinidad adoptada sin conocer con certeza sus motivos.

IV. ACCIDENTE

Todo se derrumbó para Frida una tarde de 17 de septiembre de 1925. Frida y Alejandro tomaron el autobús (camión, como les llaman en México) para volver a sus casas. A la vez el trenecito de Xochimilco se acercaba a ellos y el conductor del camión donde viajaba la pareja pensó que le daría tiempo a cruzar las vías del tren. Pero no fue así. El uso de estos camiones era tan habitual como novedoso, así que el camión iba repleto de gente aunque ellos dos pudieron sentarse juntos al final del vehículo. Los accidentes también eran frecuentes, tanto que incluso se encuentran representaciones de ellos en numerosos retablos. Pero este en especial iba a ser representado en mil pinturas y sus consecuencias en mil más pues, contrariamente a lo que se pudo pensar, ese accidente no le quitó la vida a Frida aunque si la cambió por completo. Un año después de este episodio, Frida lo dibujó al estilo de la pintura popular de los exvotos, es decir, dejando de lado las reglas de la perspectiva. Probablemente angustiada con el tema, Frida no podía controlar sus trazos y lo hizo desigual y mal acabado. Es como una pesadilla, el choque de dos vehículos y Frida, que se representa dos veces. Una de ellas sobre una camilla, envuelta en vendas y enyesada y, simplemente como una gran cabeza de niña que lo observa todo.

Retablo

Un ejemplo de la frecuencia de estos accidentes es que Frida, en 1943, encontró un exvoto que representaba un accidente parecido al suyo. Frida le vio tanta similitud con el que vivió ella que lo tomó y lo manipuló un poco para que reflejara su propio accidente. Añadió los rótulos del tren y del autobús, caracterizó a la accidentada con sus típicas cejas y completó la obra con un agradecimiento. Éste decía lo siguiente: «Los esposos Guillermo Kahlo y Matilde C. De Kahlo dan las gracias a la Virgen de los Dolores por haber salvado a su niña Frida del accidente acaecido en 1925 en la esquina de Cuahutemozín y Calzada de Tlalpan».

Frida hablaba así del accidente:

A poco de subir al camión empezó el choque. Antes habíamos tomado otro camión; pero a mi se me perdió una sombrillita y nos bajamos a buscarla; fue así que subimos a aquel camión que me destrozó. El accidente ocurrió en una esquina, frente al mercado de San Lucas, exactamente enfrente. El tranvía marchaba con lentitud, pero nuestro camionero era un joven muy nervioso. El tranvía, al dar la vuelta, arrastró al camión contra la pared.

Yo era una muchachita inteligente, pero poco práctica, pese a la libertad que había conquistado. Quizá por eso no medí la situación ni intuí la clase de heridas que tenía. En lo primero que pensé fue en un balero (juego de niños) de bonitos colores que compré ese día y que llevaba conmigo. Intenté buscarlo, creyendo que todo aquello no tendría mayores consecuencias.

Mentiras que uno se da cuenta del choque, mentiras que se llora. En mí no hubo lágrimas. El choque nos botó hacia delante y a mí el pasamanos me atravesó como la espada a un toro. Un hombre me vio con una tremenda hemorragia, me cargó y me puso en una mesa de billar hasta que me recogió la Cruz Roja.

La escena final del accidente fue tan sorprendente que bien podría ser un cuadro de la misma artista. Resulta que en el camión iba un hombre (probablemente un pintor) que llevaba un paquete de oro en polvo. Este mismo oro cubrió casi por completo el cuerpo de Frida. Alejandro, que vivió consciente todo el accidente

38

y pensó que Frida no sobreviviría, recuerda sobrecogido cómo ocurrió todo:

El tren eléctrico, de dos vagones, se acercó lentamente al camión y le pegó a la mitad, empujándolo despacio. El camión poseía una extraña elasticidad. Se curvó más y más, pero por el momento no se deshizo. Era un camión con largas bancas a ambos lados. Recuerdo que por un instante mis rodillas tocaron las de la persona sentada enfrente de mí; yo estaba junto a Frida. Cuando el camión alcanzó su punto de máxima flexibilidad, reventó en miles de pedazos y el tranvía siguió adelante. Atropelló a mucha gente.

Yo me quedé debajo del tren. Frida no. Sin embargo, una de las barras de hierro del tren, el pasamanos, se rompió y atravesó a Frida de un lado a otro, a la altura de la pelvis. En cuanto fui capaz de levantarme, salí de abajo del tren. No sufrí lesión alguna, sólo contusiones. Naturalmente, lo primero que hice fue buscar a Frida.

Algo extraño pasó. Frida estaba completamente desnuda. El choque desató su ropa. Alguien del camión, probablemente un pintor, llevaba un paquete de oro en polvo que se rompió, cubriendo el cuerpo ensangrentado de Frida. En cuanto la vio la gente, gritó: «¡La bailarina, la bailarina!» Por el oro sobre su cuerpo rojo y sangriento, pensaban que era una bailarina.

La levanté, en ese entonces era un muchacho fuerte, y horrorizado me di cuenta de que tenía un pedazo de fierro (hierro) en el cuerpo. Un hombre dijo: «¡Hay que sacarlo!». Cuando lo jaló, Frida gritó tan fuerte, que no se escuchó la sirena de la ambulancia de la Cruz Roja cuando ésta llegó. Antes de que apareciera, levanté a Frida y la acosté en el aparador de un billar. Me quité el saco y la tapé con él. Pensé que se iba a morir. Dos o tres personas sí fallecieron en el escenario del accidente y otras, después.

Llegó la ambulancia y la llevó al hospital de la Cruz Roja, que en esa época se encontraba sobre la calle de San Jerónimo, a unas cuadras de donde ocurrió el accidente. La condición de Frida era

tan grave, que los médicos no creyeron poder salvarla. Pensaban
que iba a morir sobre la mesa de operaciones.
Ahí operaron a Frida por primera vez. Durante el primer mes
no se supo con seguridad si iba a vivir.

La primera que llegó al hospital fue Matita, que no abandonó a
su hermana durante los tres primeros meses. El resto de la familia
quedó tan afectado que tardaron en poder ir a verla. «Mi madre se
quedó muda durante un mes por la impresión y no fue a verme. Mi
hermana Adriana al saberlo se desmayó. A mi padre le causó tanta
tristeza que enfermó y sólo pude verle después de veinte días»,
recuerda Frida.

Matilde se enteró de la noticia por el periódico ya que aún no
se hablaba con su madre desde la fuga. En esa época vivía con
su marido y quiso ayudar a su hermana menor. Se encargó de
hacer más soportable el tiempo que tuvo que estar inmovilizada. Y a Frida la ayudó mucho tenerla. «Nos tenían en una
especia de pabellón horrendo... Una sola enfermera cuidaba a
25 enfermos. Fue Matilde quien levantó mi ánimo: me contaba
chistes. Era gorda y feíta, pero tenía gran sentido del humor.
Nos hacía reír a carcajadas a todos los que estábamos en el
cuarto. Tejía y ayudaba a la enfermera en el cuidado de los
enfermos».

Durante un mes Frida estuvo inmovilizada y metida dentro de
una especie de sarcófago. En todo ese tiempo, cuando se quedaba
sola después de la visita de su hermana o de los Cachuchas no
podía evitar tener el pensamiento de que aún podía morir. En
cuanto pudo empezó a vaciar sus sentimientos en cartas que mandaba a Alejandro. Por ejemplo a él le mostró sus miedos en frases
como: «en este hospital la muerte baila alrededor de mi cama por
las noches».

El primer diagnóstico serio se produjo un mes después del accidente y en el momento en que ella abandonaba el hospital, los
médicos realmente estaban sorprendidos de que Frida hubiera
sobrevivido y no se atrevieron hasta ese momento a dar con fiabi-
lidad algún dato sobre su estado de salud:

Fractura de la tercera y cuarta vértebras lumbares, tres fracturas de la pelvis, once fracturas en el pie derecho, luxación del codo izquierdo, herida profunda en el abdomen, producida por una barra de hierro que entró por la cadera izquierda y salió por el sexo, desgarrando el labio izquierdo. Peritonitis aguda. Cistitis que requiere una sonda durante muchos días.

Para hacer frente a todas estas fracturas prescribieron a la enfermera que llevara un corsé de yeso durante nueve meses, y un reposo total en cama al menos de dos meses después de su estancia en el hospital.

En todo ese tiempo, Frida no paró de escribir a Alejandro. Primero le contaba su situación y su estado de ánimo, más adelante le pedía que la fuera a ver.

Los últimos días que estuvo en el hospital le escribió:

Álex de mi vida:
Tú mejor que nadie sabes todo lo triste que he estado en este cochino hospital, pues te lo has de imaginar, y además ya te lo habrán dicho los muchachos. Todos dicen que no sea yo tan desesperada; pero ellos no saben lo que es para mí tres meses de cama, que es lo que necesito estar, habiendo sido toda mi vida una callejera de marca mayor, pero qué se va hacer, siquiera no me llevó la pelona. ¿No crees? (...)

Friducha
TE ADORO

Y el salir fue un alivio aunque no tanto como pudiera esperarse. El panorama en casa de Frida era bastante desolador. Y Frida sabía que en casa recibiría menos visitas ya que Coyoacán quedaba más lejos del centro de la ciudad. Además su madre estaba irritable al máximo y su padre sumido en un silencio casi absoluto. A algunos de los que fueron a verla, entre ellos Alejandro, les dijeron que

Frida no se encontraba allí o que no estaba en condiciones de recibir visitas.

Y entretanto seguía transmitiendo sus sentimientos a Alejandro. Con fecha del 5 de diciembre le decía: *Lo único de bueno que tengo es que ya voy empezando a acostumbrarme a sufrir.*

Al cabo de unos pocos días, exactamente dos meses después de que saliera del hospital, Frida consiguió dar su primer paseo. Su madre, sorprendida, ofreció una misa de gracias por la salvación de su hija e hizo publicar en un periódico el agradecimiento de la familia Kahlo a la Cruz Roja, que había salvado a su hija. Frida decidió ir a la ciudad y fue tan valiente de tomar un autobús como el de su accidente. Caminó por la plaza del Zócalo y recordó todos los momentos que había vivido en esas mismas calles. Y quedó con su amiga Agustina Reyna que le comunicó que había rumores de que Frida no valía un centavo. Es posible que se descubriera su desliz con Fernández. De ahí que Alejandro rehuyera de ella. Aún así Frida hizo ademán de su fortaleza y respondió a Agustina que si sus antiguos amigos, por razones tan oscuras como injustificadas, ya no le demostraban confianza, ella ya se encargaría de encontrar personas a su nivel. Sin embargo, con Alejandro continuó demostrándole su amor y le confesó: «No seré tu novia, pero siempre te hablaré aunque me hagas las peores groserías..., porque te quiero más que nunca, ahora que te me vas». Y realmente cumplió con su promesa pues insistió e insistió en que cambiaría su carácter y también intentaría poder verse con él a pesar de la negativa de Alejandro.

Una mañana Frida se despertó al amanecer cuando toda su familia todavía dormía y descalza fue al jardín y se acurrucó al pie del cedro de su infancia. Entre sollozos se consolaba diciendo que sus lágrimas eran argumentadas y que tenían lógica. A la vez dibujaba en la tierra cuando de golpe se le cruzó por la cabeza una idea que aún no había pensado: «¡El niño!» En ese momento Frida tomó conciencia que posiblemente no podría tener hijos. Nadie le había hablado sobre ese tema pero Frida lo veía claro, luego, poco a poco fue tranquilizándose pensando que los médicos no lo saben todo y que todo es probar. Y, en el peor de los casos, los adoptaría. Decidió volver a la casa y una vez dentro tomo papel y una estilográfica, probablemente de su padre, y escribió:

LEONARDO

*NACIÓ EN LA CRUZ ROJA EN EL AÑO DE GRACIA DE 1925 EN EL MES DE SEPTIEMBRE Y SE BAUTIZÓ EN LA VILLA DE COYOACÁN DEL AÑO SIGUIENTE
FUE SU MADRE
FRIDA KAHLO
SUS PADRINOS
ISABEL CAMPOS
Y ALEJANDRO GÓMEZ ARIAS*

Ni ella misma sabía el motivo de que escribiera esto, sólo lo puso en un sobre. Su imaginación iba más rápida que ella misma. Pensaba en quién sería el padre y se dijo a sí misma que eso era un secreto.

En verano de 1926 Frida tuvo una recaída. Después de un año del accidente su físico no estaba recuperado, tenía tres vértebras desplazadas y complicaciones en la pierna derecha. Tuvo que volverse a poner un corsé de yeso por unos meses y un aparato de prótesis en la pierna derecha. Frida se desmoralizó y además no podía silenciar los dolores que sentía. Frida era como una montaña rusa. De vez en cuando sentía unos ímpetus de vida irrefrenable y, otras veces, vivía en la mismísima desesperación. Para evadirse de la vida leía mucho y continuaba escribiendo a sus amistades.

Una mañana de domingo su madre le preparó una sorpresa que, al principio, fue aceptada con horror. Se trataba de transformar la cama de Frida y colgarle un espejo para que pudiera observarse. Toda la familia participó en la construcción y Frida no podía entender cómo se le había ocurrido esa idea a su madre y cómo al resto les pareció tan buena como para llevarla a cabo. Una vez sola ante el espejo Frida se sintió aún más abandonada a sí misma. No podía soportar verse en ese estado. Pero como Frida ya había

43

demostrado hasta ahora, se enfrentó a la nueva situación y trató de sacar el máximo provecho a este nuevo compañero de habitación.

Como no podía esconderse de él, decidió no hacerlo. Y empezó a observarse, a recorrer cada uno de los rasgos de su cara y del resto de su cuerpo. Y supo para qué utilizaría ese objeto. La ayudaría a dibujar, una actividad que de golpe estaba deseando llevar a cabo. Y quizás fue la enfermedad del amor más que las heridas que aún tenía del accidente y, que le causaban mucho dolor, lo que hizo que Frida empezara a pintar su primer cuadro, un autorretrato que le regalaría más adelante a Alejandro.

V. AUTORRETRATO
CON TRAJE DE TERCIOPELO

Es lógico que la obligación de estar en cama casi inmovilizada la condujera a la pintura. Necesitaba hacer algo. En sus propias palabras: «Creí tener energía suficiente para hacer cualquier cosa en lugar de estudiar para doctora. Sin prestar mucha atención empecé a pintar». También recuerda que tomó prestadas a su padre las herramientas para pintar: «Mi padre tenía desde hacía muchos años una caja de colores al óleo, unos pinceles dentro de una copa vieja y una paleta en un rincón de su tallercito de fotografía. Le gustaba pintar y dibujar paisajes cerca del río en Coyoacán, y a veces copiaba cromos. Desde niña, como se dice comúnmente, yo le tenía echado el ojo a la caja de colores. No sabría explicar el por qué. Al estar tanto tiempo en cama, enferma, aproveché la ocasión y se la pedí a mi padre. Como un niño, a quien se le quita su juguete para dárselo a un hermano enfermo, me la «prestó». Mi mamá mandó hacer con un carpintero un caballete... si así se le puede llamar a un aparato especial que podía acoplarse a la cama donde yo estaba, porque el corsé de yeso no me dejaba sentar. Así comencé a pintar mi primer cuadro, el retrato de un amiga mía».

Y los autorretratos le servían tanto para evadirse de su cama y situarse donde quisiera o para reflejar la soledad que sentía sin poder moverse. «Me retrato a mí misma porque paso mucho tiempo sola y porque soy el motivo que mejor conozco», afirmaba Frida.

El arte mexicano del siglo XX

Alrededor de 1874 el México independiente empezó a cosechar frutos concretos, producto de un serio, prolijo y bien fundamentado interés en el arte. En ese tiempo el país no sólo intenta manejar elementos europeos (que fueron el fundamento del arte del virreinato, si bien quedaron confirmados casi exclusivamente al arte religioso, excepto en lo que respecta a la arquitectura) sino que, apropiándoselos, a través de ellos se universalizaron los valores mexicanos.

En México el Simbolismo, que como en toda América hispana recibió el nombre de Modernismo, tuvo un buen número de cultivadores y, florece simultáneamente e incluso antes que algunas de sus vertientes europeas. Hacia el fin de siglo pasado «los modernistas» formaban un movimiento de elite que tuvo continuidad en ámbitos más amplios décadas después. El artista paradigmático del simbolismo mexicano es Julio Ruelas, quien estudió en la academia de Karlsrube en Alemania, regresó luego a la capital mexicana y pasó los últimos años de su vida en Francia. Era un bohemio de temperamento taciturno, aficionado a los «paraísos artificiales», excelente dibujante, muy admirado por poetas y pensadores. Murió tuberculoso en París, ciudad en la que produjo, además de unas cuantas pinturas, nueve aguafuertes, cuyas pruebas de autor se imprimieron en el taller de Joseph Marie Cazin. Ruelas fue ilustrador principal de una revista que gozó de gran aprecio en todas las naciones de habla hispana: la *Revista Moderna*, equiparable en cierto modo a *The Yellow Book*, en ella se publicaban excelentes traducciones al español de Novalis, Edgar Allan Poe y Baudelaire, la poesía de Rubén Darío, estudios sobre arquitectura, esoterismo y ciencias ocultas, ensayos sobre los prerrafaelistas, William Turner o sobre los pintores *avant-garde* franceses, narraciones de corte fantástico-decadente (muy al estilo del Barón de Huysmans) a las que los modernistas eran muy afectos. La *Revista Moderna* lo era realmente, incluso en cuanto a diseño, pero no tenía el propósito de llegar a un número masivo de lectores, era una publicación para intelectuales y artistas.

El gran muralista Jose Clemente Orozco recuerda en su *Autobiografía*, una polémica que tuvo lugar entre los exquisitos y afrancesados propulsores del modernismo de raíz simbolista y los artistas más jóvenes que asimilaban la modernidad de otra manera, vinculándola con el floreciente nacionalismo.

Hubo una controversia pública muy aguda entre el Dr. Atl y los amigos de Julio Ruelas. Parece que fue uno de tantos choques entre los románticos (los románticos eran los simbolistas) y los modernos. Ruelas era un pintor de cadáveres, sátiros ahogados, fantasmas de amantes suicidas, mientras que el Dr. Atl traía en las manos el arco iris de los impresionistas y todas las audacias de la escuela de París. Ruelas había hecho un magistral autorretrato al aguafuerte y encima de la cabeza se había grabado un insecto monstruoso que le clavaba en el cráneo un aguijón colosal: era la crítica. Y otros grabados representaban demonios con apariencia de súcubos sorbiendo los sesos de un pobre hombre. Pero la época que se aproximaba ya no iba ser de súcubos, sino de violencia y canalladas.

La trayectoria de Ruelas corre casi paralela con la de su antagonista: José Guadalupe Posada, autor de más de veinte mil grabados en zincografía impresos en hojas volantes, que realizaba con suma velocidad en la imprenta de Vanegas Arroyo dando apariencia visual a las lacras, a las miserias, los errores políticos, las catástrofes naturales, los crímenes pasionales y los hechos insólitos de la sociedad porfirista de su época. El inmortal autor de las «calaveras» fue profundamente admirado por la generación que lo sucedió. Por eso Diego Rivera traspone la efigie de su «Calavera catrina» en el fresco *Sueño de una tarde dominical en la Alameda*, donde tanto él, convertido retrospectivamente en un niño gordiflón, como su mujer Frida Kahlo, ocupan junto a la «catrina» (elegante, bien vestido, engalanado, emperejilado. En este caso se refiere a la calavera) el centro de la composición.

El 20 de noviembre de 1910 estalla la lucha armada que habría de durar once años. Los artistas que no se encontraban en Europa se afilian a ella realizando actividades diversificadas: ilustrando publicaciones revolucionarias, fungiendo como agregados en el frente de algún aguerrido general (como fue el caso de Francisco Goitia y de David Alfaro Siqueiros) o sentando las bases pictóricas para una idea actualizada de la nueva conciencia nacional. Tal fue el caso de Saturnino Herrán que planteó en sus dibujos monumentales de friso *Nuestros dioses*, destinado al entonces inconcluso Palacio de Bellas Artes, el advenimiento de la pintura mural.

El 28 de julio de 1911 ocurre un hecho de importancia política en relación con las artes: los estudiantes de la Academia de San Carlos —en parte instigados por el inquieto y multifacético pintor Gerardo Murillo—, que adoptó el seudónimo de Dr. Atl, se levantaron en huelga con el ánimo de destituir al director de la institución: arquitecto Antonio Rivas Mercado. La huelga dura dos años y en 1913 el pintor Alfredo Ramos Martínez, recién llegado de Europa, ocupa entonces la dirección de la academia a la vez que plantea los inicios de un movimiento: el de las Escuelas de Pintura al Aire Libre —que tendría amplias repercusiones—. La primera de estas escuelas estuvo ubicada en el barrio de Santa Anita Iztapalapa. El proyecto consistía en sacar a los estudiantes fuera de las aulas para que pintaran *au plein air*, por lo que la escuela de Santa Anita fue bautizada con el nombre de Barbizón, aunque los planteamientos de trabajo poco tuvieran que ver con lo que antes practicaron las barbizonianos franceses. A esta fundación se sucedieron otras en Xochimilco y Coyoacán. Otras más estuvieron en los rumbos de Chimalistac, Churubusco y Tlalpan. Todavía en 1932, ya consumadas las fases del muralismo heroico, se abrió una escuela más de esta índole en Taxco, Guerrero. Para ese momento ya se había realizado una magna exposición itinerante de lo que pintaban los alumnos, que fue llevada en 1926 a Berlín y después a algunas ciudades de Francia y España «causando profundo interés y sorpresa en el medio artístico», según opinión de los observadores. Se dice que Foujita y Raoul Dufy estaban encantados con la exposición, puede ser, pero no sabemos si gente como ellos veían el experimento mexicano como algo exótico, propio de un país que creían «tropical» en su totalidad o si prefiguraban el interés de Michel Seuphor y de Jean Dubuffet por lo que ellos llamaron *Art Brut*.

Este movimiento —que formaba parte de un programa educacional más amplio, junto con el de los llamados «talleres libres de expresión artística» que les es concomitante—, fue por unos alabado y por otros detractado. Estaban destinados a crear una conciencia estética entre representantes de todas las clases sociales y se dirigía específicamente a reclutar alumnos muy jóvenes, casi niños, aunque también concurrían obreros y señoritas de las clases medias. Había que «levantar el arte nacional» (aunque la verdad es que, propiamente hablando, nunca se había caído, sino que las guerras de independencia aplacaron el ritmo de la productividad artística). El levantamiento fue más que nada una opción de conjugar «intuicionismo» con modernismo y populismo que se avenía al pintor Adolfo Best Maugard encaminado a implantar un método racional de dibujo en la educación primaria. Unas escuelas cerraban cuando las circunstancias lo requerían a tiempo que otras abrían, lo cierto es que casi no hubo un pintor importante de la época que no se hubiera visto involucrado como maestro de las Escuelas al Aire Libre.

El 1 de diciembre de 1920 el general Alvaro Obregón ocupó la presidencia de la República, que entregó cuatro años más tarde, si bien volvió a ser electo para un nuevo período el 1 de julio de 1928. Dos semanas después de su segunda elección fue asesinado por José de León Toral en el parque La Bombilla, donde se encuentra el impresionante monumento estilo *Art Déco* que le fue dedicado, obra arquitectónica de los años treinta, ejemplo de la integración escultórica a la arquitectura, inspirada en los monumentos del Canal de Suez.

A poco de la nominación inicial de Obregón, en 1921, se reinstaló la desaparecida Secretaría de Educación Pública con el rector de la universidad José Vasconcelos como titular. Con Vasconcelos se inicia un plan de «salvación y regeneración de México por medio de la cultura». La cultura, para el ministro, equivalía al «Espíritu». De aquí que el lema vasconceliano de nuestra máxima casa de estudios, la universidad de México, sea «Por mi raza hablará el espíritu». Vasconcelos, al igual que Goethe, postulaba que la fase estética era la fase superior de la humanidad, pero había que crear una «estética bárbara» que superase la decadencia, afirmando el vigor del Nuevo Mundo.

Lo importante es producir símbolos y mitos, imaginar un pasado heroico y hacerlo hablar, wagnerianamente, por dioses crepusculares como Coatlicue.

Con Vasconcelos nace la Escuela Mexicana de Pintura —que en su primera fase ve la creación del Movimiento de Pintura Mural o muralismo mexicano—, destinado, en teoría, a crear conciencia de los valores patrios entre las masas y entre las razas indígenas. Por cierto que a ellas mismas, poco podía interesarles y menos gustarles verse representadas en los murales sufriendo toda clase de torturas y vejaciones por parte de los opresores, aunque fuera con el noble propósito de «crear conciencia».

Durante las décadas que siguieron a su aparición, la pintura muralista mexicana conoció un prestigio, difusión e incidencia en otros países más que ningún otro movimiento americano había alcanzado antes. Han corrido ríos de tinta sobre el muralismo mexicano que produjo una serie de obras maestras estudiadas por especialistas de todo el mundo. Por sus características iconográficas y por sus resoluciones formales un buen número de conjuntos murales quedan inscritos por derecho propio en la historia universal del arte.

Ni siquiera durante la fase inicial existió en el muralismo algo así como un cuerpo de teorías o modalidades estéticas comunes. Cada pintor era a la vez, un intelectual generalmente imbuido de teorías marxistas (aunque más bien de oído que de estudio). A principios de los años treinta era casi indispensable pertenecer al Partido Comunista si es que se pretendía obtener comisiones para realizar pinturas murales o participar en exposiciones de importancia. Sin embargo, cada artista se expresaba de acuerdo a su individualidad estilística y bajo los presupuestos temáticos se relacionaban con la fase armada de la Revolución, las escenas de la conquista, el poder omnímodo de la Iglesia durante la vida colonial, la lucha de clases, las costumbres, mitos y ritos, las fiestas populares, la geografía, el paisaje, las etnias y el pasado prehispánico. Éste fue concebido como un período glorioso y armónico, algo así como la edad de oro.

Mediante alegorías y simbolismos fáciles de descifrar, los temas se vinculaban con lo que se sentía que era o debía de ser la «esencia de la nacionalidad». Esto sitúa al muralismo entre los grandes movimientos utópicos del siglo XX y en ello reside buena parte de su grandeza, como también en el talento de quienes lo protagonizaron. Hay que aclarar que, pese a la diversidad de temperamentos, de diferencias en cuanto a la formación artística e incluso de oposiciones ideológicas, sí existió entre los líderes del muralismo una noción de grupo encaminada a lograr una meta común y eso propició la cohesión de esfuerzos. El término «Renacimiento mexicano», aplicado por Jean Charlot a la primera fase del muralismo, es un término ajustado. Si los murales italianos del pre-renacimiento, del Renacimiento y del Barroco sirvieron para educar en la religión a los iletrados ganando adeptos al papado y si además enaltecieron la conciencia cívica de gobernantes y gobernados, al tiempo que incrementaban la gloria de las ciudades donde se ubicaban, entonces en el México nuevo nacido de la Revolución de 1910, sucedería algo similar. Eso lo pensaron Diego Rivera y Siqueiros, cada uno por su cuenta, cuando peregrinaban por Italia. El francés Jean Charlot que llegó a México a principios de 1921 y que fue partícipe activo del muralismo, así como primer panegirista de José Guadalupe Posada lo puso en palabras.

Con el agregado misterio de una antigüedad indefinida y el aire de muchos imperios reducidos a polvo, los restos arqueológicos indígenas significaban, en relación al arte mexicano, lo que las ruinas y fragmentos grecorromanos a la Italia Renacentista.

Para entonces la labor del antropólogo Manuel Gamio había puesto de relieve la importancia de los remanentes del pasado prehispánico que empezó a ser metódicamente analizado por arqueólogos y antropólogos de todo el mundo durante la década de los veinte. Los artistas pensaron en esto, realizaron viajes arqueológicos, captaron la expresión de los tipos populares, los colores de las fiestas, la enorme riqueza artesanal de México, que aunque híbrida, trasluce el albor de sus remotos orígenes. Todo esto sumado a la idea de una salvación futura que se realizaría a través

51

de la tecnología, el mundo de las máquinas y las teorías básicas del materialismo histórico con Carlos Marx a la cabeza (igual que Dios Padre en los mosaicos bizantinos) fueron motivos que sirvieron para integrar un rico arsenal en el que cada uno abrevó de acuerdo a sus particulares predilecciones. Se pintó el origen y florecimiento de la Revolución, los albores genéticos de las dos Américas, la anglosajona y la hispana, el hombre como nuevo Zeus que controla el Universo, las luchas intestinas, el nacimiento de la nación independiente... También se pintaron pirámides, alegorías de la vida cotidiana antigua, efigies del dios Tláloc, serpientes emplumadas, caballeros tigre, mujeres con perfil maya luciendo hermosos huipiles bordados, el suplicio de Cuauhtémoc, y hasta algún que otro sacrificio humano, ciertamente bastante ennoblecido para que adquiriera un tono heroico que lo hiciera aceptable. La visión propuesta por Diego Rivera sobre este conglomerado de temas fue seguramente la que más eficacia tuvo y la que alcanzó un mayor número de seguidores. No obstante, cada uno de «los tres grandes», Orozco, Rivera y Siqueiros, seguidos por muchos otros, realizaron murales no sólo en el país sino en el extranjero, cosa que repercutió en el Federal Art Project del WPA (Work Progress Administration) de Estados Unidos, durante los años treinta e igualmente en la gestación de movimientos muralísticos, aunque no tan importantes como el mexicano, en otros países de América Latina.

El ministro Vasconcelos (vituperado por Diego Rivera en uno de los paneles murales de la propia Secretaría de Educación Pública) tuvo la capacidad y la intuición necesarias para llevar a cabo un programa artístico y educacional a gran escala. Apenas ocupó el ministerio hizo venir de Europa a Diego Rivera y a Roberto Montenegro ofreciéndoles los muros de los edificios públicos y respetando en todo las modalidades e ideologías de éstos y de todos cuantos se sumaron al movimiento. Los artistas se agruparon en un Sindicato de Obreros Técnicos, Pintores y Escultores, integrado a fines de diciembre de 1922 bajo el liderazgo de Siqueiros. Después se fundó el órgano de difusión de propuestas del singular sindicato: el periódico *El Machete*, cuyo primer número no apareció hasta marzo de 1924, poco antes de que Vasconcelos abandonara su puesto de ministro debido a la imposición de Plutarco Elías Calles como jefe máximo de la Revolución. Pero ya para entonces el muralismo había desarrollado su propia dinámica, que tiempo después se convirtió en inercia debido a que, una vez que el movimiento se institucionalizó de acuerdo a programas de los propios líderes proclives a integrar camarillas, los muralistas de las generaciones venideras repitieron incesantemente los modelos iniciales con lo que fue fomentándose una retórica ya no persuasiva, sino reiterativa, de segunda y tercera mano.

En 1923 el sindicato emitió un manifiesto dirigido «A la raza indígena humillada», así como a todos aquellos que no estuvieran comprometidos con los ideales burgueses. En ese manifiesto se repudió severamente a la pintura de caballete y «a todo el arte de cenáculo ultraintelectual», en tanto se exaltaban las manifestaciones de arte monumental, «por ser de utilidad pública».

Los muralistas efectivamente cubrieron kilómetros y kilómetros de muros, cobrando honorarios por metro cuadrado, como si fueran pintores de brocha gorda, pero afortunadamente nunca abandonaron la pintura de caballete. Ésta siguió practicándose por dos razones: la primera fue que los comprometidos con pintar muros tenían necesidad de ganarse la vida, y la posibilidad de seguir pintándolos en los edificios públicos se interrumpió para todos (excepto para Diego Rivera, que trabajaba en la Secretaría de Educación Pública) en 1924, para restablecerse años después. La segunda razón se refiere al hecho de que no todos los pintores de esa época estaban capacitados o deseosos de pintar murales. De aquí que la pintura de caballete de la Escuela Mexicana abra un abanico tan rico en opciones. Sus exigencias intrínsecas no se confinaban a transmitir mensajes de tipo histórico o social y los modos de representar no tenían que obedecer a la verosimilitud.

La mayoría de los pintores que iniciaron sus trayectorias profesionales en México durante la primera fase del muralismo, se vieron necesariamente inmiscuidos en el gran mosaico que conforma la Escuela Mexicana, comulgasen o no, en propósitos.

Tiempo después se disgregaron, si bien los que siguieron compartiendo las mismas inquietudes políticas se aliaron durante los años treinta con los fundadores de LEAR —Liga de Escritores y Artistas Revolucionarios— y con quienes integraron el TGP —Taller de Gráfica Popular—. Otros artistas residieron por largo tiempo en el extranjero, sin abandonar del todo sus incursiones en el medio mexicano, como fue el caso de Rufino Tamayo. Hubo también quienes en los años cuarenta se mantuvieron cerca de algunos de los muralistas de la segunda y tercera generación, viajando por varios sitios de la República ayudando en la realización de más obras murales. El guatemalteco-mexicano Carlos Mérida —quien por cierto ejerció con sagacidad la crítica de arte— colaboró con el programa nacionalista, aunque en realidad se sentía apasionado por las *new tendencies* y abandonó el sindicato, del que era miembro, con objeto de viajar a París, expuso en Nueva York en 1926 y a su regreso a México dedicó su vida fundamentalmente a la pintura de caballete. Su geometrismo, inspirado en el textil maya, fue muy avanzado en los momentos en que se gestó. Roberto Montenegro por su parte reunió una valiosa colección de arte popular, sobre la que escribió un tratado, y a la vez practicó cuanta «vanguardia» le vino en gana. Sus mejores creaciones de caballete se encuentran dentro del surrealismo. Otros pintores, Agustín Lazo es un ejemplo, se interesaron más en estudiar a sus pintores favoritos —Renoir, Seurat, Max Ernst, De Chirico, Picasso— que en compartir las inquietudes de quienes leían las partituras bajo la batuta de Diego Rivera o de Siqueiros. Los ejemplos que podían mencionarse acerca de trayectorias independientes, amalgamadas sin embargo al contexto de lo que entendemos por Escuela Mexicana, son tantos como la gran cantidad de artistas existentes. Buena parte de ellos participaron en las exposiciones que se presentaron en el extranjero, varias de ellas coordinadas por Inés Amor, la dueña de la primera galería independiente de larga trayectoria que se fundó en México. Se trata de la Galería de Arte Mexicano, que abrió sus puertas al público y a los coleccionistas en 1935 y que hasta la fecha es una de las principales galerías de la Ciudad de México.

Alguno de los pintores que rechazaron la idea de producir arte de mensaje guardaron estrechos vínculos con los herederos de los modernistas, los llamados «Contemporáneos», escritores y poetas que se consideraban a sí mismos «espíritus poseídos de divinidad». Los Contemporáneos integraron un «grupo sin grupo», es decir una comunión de independencias libertinarias de gran injerencia en la vida cultural de México. Entre los escritores destacaron Carlos Pellicer, José Gorostiza, Salvador Novo, Gilberto Owen, Jorge Cuesta y Xavier Villaurrutia, estos dos últimos ejercieron con consistencia la crítica de arte. Los pintores que les fueron afines forman una especie de «subcorriente» o «contracorriente», según expresión de Jorge Alberto Manrique. También fueron nacionalistas, pero en sordina. Muchos de ellos eran afines a los realismos fantásticos, a la metafísica o al surrealismo, entre ellos están Agustín Lazo, Antonio Ruiz «El Corzo», Carlos Orozco Romero, Julio Castellanos, Alfonso Michel, Jesús Guerrero Galván y María Izquierdo. A Frida Kahlo hay que considerarla en el filo de la navaja, pues su matrimonio con Diego Rivera así como su natural idiosincrasia, la colocan entre los defensores del nacionalismo a ultranza, si bien su obra conforma una biografía pictórica de incalculable valor, precisamente porque se mantiene a todo lo que no es ella misma como sujeto.

Octavio Paz fue conociendo paulatinamente tanto a escritores como a pintores y, después de 1950, se ocupó de escribir sobre varios de ellos. Paz piensa que los pintores que se aproximaron a los Contemporáneos guardaron una actitud de inteligente independencia frente al arte ideológico de Rivera y Siqueiros, así como ante el expresionismo de Orozco.

El expresionismo de José Clemente Orozco, único entre los muralistas, fue unánimemente respetado por las recientes generaciones de artistas mexicanos, hasta el punto que ha influido en varios de ellos. Desde sus acuarelas de *Las casas de lágrimas* (se trataba de prostíbulos) manifestó su vena expresionista. Orozco, originario de Jalisco, tuvo una primera y precoz educación plástica en la Academia de San Carlos. Realizando un experimento con dinamita, perdió la mano izquierda cuando tenía 16 años.

Desarrolló, a mi parecer, un brutal proceso de sobrecompensación que lo llevó a ocupar uno de los puestos de la santa trinidad pictórica (como he dicho, integrada por Rivera, por él, por Siqueiros, igual que en el Renacimiento Leonardo, Miguel Angel y Rafael integraron para la posteridad una tríada aunque no se haya visto así en la época en la que les tocó vivir). No por ser uno de «los tres grandes» Orozco se abstuvo de polemizar con los otros dos. Incluso puede decirse que en el fondo no comulgaba con ninguno de los demás. Su tendencia a la exaltación de lo grotesco, lo dramático y aun lo siniestro corre pareja con una visión desencantada de la historia. Orozco era profundamente escéptico, hasta del mismo movimiento que encabezó. Vivió una buena temporada en Nueva York, pero no alcanzó allí la notoriedad que obtuvo Rivera. Su concepto de la historia y sus ideas políticas resultaban ubicadas en el extremo contrario de Rivera. En cierto modo era un anarquista que se anticipó a la «posmodernidad» en casi medio siglo. Su emblema positivo es *Prometeo*, personaje central de su mural en el Pomona College, California, y representado de nuevo en el famoso *Hombre de fuego*, culminación del ciclo realizado en el Hospicio Cabañas de Guadalajara. En la cúpula de la ex-capilla que corona este ciclo el *Hombre de fuego* ocupa el lugar *princeps*, actuando como símbolo entre religioso y metafísico dado que el fuego purifica, se regenera y a la vez termina con todo. Orozco fue el primero de los «catastrofistas», modalidad iconográfica que tuvo brotes en todo el mundo durante la década pasada y que en México adquirió matices exorbitantes que perduran hoy día.

José Luis Cuevas admite la influencia del jaliciense en su obra juvenil, lo mismo que abiertamente sucede con varios jóvenes de hoy. Puede ser que esto se deba a que el expresionismo ofrece una constante que en determinados lapsos se intensifica a todo lo largo de la historia del arte mexicano. Pasa lo mismo con el barroco que, como modalidad mestiza por antonomasia, encuentra en México varias de sus manifestaciones más exacerbadas y que aún hoy en día se amalgama a las formas contemporáneas de expresión. Pero así como hay múltiples modalidades de barroco, así también el expresionismo adopta variadísimos matices. No obstante, al mencionar el término «barroco», con todo y su inmensa variedad de acepciones con mayor nitidez no es Orozco, sino David Alfaro Siqueiros, cuya proclividad a los escorzos, a las perspectivas acentuadas y a la grandilocuencia no tiene igual. Al lado de Orozco y Siqueiros, Diego Rivera es un clásico, comenzando por su etapa cubista. En lo figurativo a veces se encuentra próximo a Ingres, sobre todo en sus dibujos y en algunas pinturas de caballete. Rufino Tamayo también viene a ser un clásico, pero aquí se trataría de un clásico contemporáneo que amalgamó las síntesis de la escultura mexicana a las lecciones de Picasso vertiéndolas en un culto a la forma que encuentra su balance en una aptitud colorista extraordinaria. Une la sutileza a la audacia, sin descompensar la paleta. No importa qué combinaciones de colores haya utilizado, Tamayo siempre resulta armónico, jamás llega a la estridencia, condición en la que sí se colocó uno de sus más fervientes admiradores: el zacatecano Pedro Coronel verbalizó su veneración por el maestro oaxaqueño en varias ocasiones, a la vez que lo homenajeó con una serie de cuadros a los que tituló Tamayanas, aun y cuando los estilos y la personalidad de uno y otro hayan sido muy distintos entre sí.

De 1939 a 1942 llegaron a México varios intelectuales y artistas europeos, tránsfugas de la Segunda Guerra Mundial y de la Guerra Civil Española. Entre ellos destacan tres pintoras: Remedios Varo, nacida en España, Leonora Carrington en Inglaterra y Alice Rahon en Francia. Desarrollaron trayectorias independientes, sin buscar glorias, reconocimientos y ni siquiera un buen mercado para sus trabajos. Sin embargo, las dos primeras llegaron a ser muy famosas. Remedios Varo sigue atrayendo enormes cantidades de público de todos los estratos sociales. Varo y Carrington formaron un binomio, fueron amigas cercanas que compartieron ideas y modos de hacer, cosa natural, puesto que ambas convivieron en los círculos iniciales del surrealismo europeo en tierras mexicanas. Ninguna de las dos pudo hacer migas con Frida Kahlo, posiblemente porque no comulgaba con la perenne herida abierta patente en la obra de ésta última, o bien porque el círculo de la mexicana (que contra lo que se ha dicho hasta el cansancio, fue muy reconocida en vida y no sólo por ser esposa de Diego Rivera) era totalmente opuesto a la disposición callada e íntima que las otras pintoras deseaban mantener. Posiblemente Frida, con su indudable genio, sus extraordinarios atuendos regionales y su actitud valiente y desprejuiciada las intimidaba. Se decía todavía a los inicios de la década de los cincuenta que ella y Diego eran algo así como el Popocatépetl y el Iztaccíhuatl, los volcanes tutelares del Valle de México. Ocupaban las planas de todos los periódicos y no había acción pública en la que no estuvieran presentes. Eso hacía que otros artistas, sobre todo los extranjeros, se sintieran excluidos de los grupos nacionalistas que se encontraban en las cúpulas culturales, cuanto más que en México no puede hablarse de arte, sin hablar también de políticas culturales, o de política a secas.

Lo cierto es que todavía a fines de los años cuarenta y principios de los cincuenta, el nacionalismo triunfante marcaba pauta y existía cierto rechazo hacia todo lo que tuviera aroma extranjero. Pintores de otras nacionalidades en México había varios. El muralista Pablo O'Higgins originario de Salt Lake City y el parisino Jean Charlot son ejemplos prototípicos, pero se encontraban totalmente asimilados al brote muralista y a sus secuelas, eran más mexicanistas y conocedores del país que muchos mexicanos y fueron grandes impulsores de movimientos de la producción gráfica, que desarrollan un ciclo paralelo al de la pintura, si se quiere aún más radical en cuanto a la transmisión de contenidos sociales y nacionales.

Dentro del contexto de esta época, hubo otros brotes o movimientos a los que conviene aludir. El Estridentismo irrumpe durante los últimos días del año 1921 con la aparición de una hoja volante que tuvo carácter de manifiesto: la hoja *Actual Número 1*, firmada por Manuel Maples Arce. En ésta, se rinde veneración a los futuristas italianos y se propone la siguiente idea como eje de la estética del grupo: hay que desdeñar el pasado tanto como el futuro y mantenerse en «el vértice estupendo del minuto presente». Al igual que los contemporáneos (asociación de tendencia opuesta), los estridentistas eran predominantemente literatos y poetas, a quienes se les sumaron algunos artistas plásticos como el escultor Germán Cueto, el grabador Leopoldo Méndez, el mismo Diego Rivera, los pintores Ramón Alva de la Canal, Fermín Revueltas y Jean Charlot. Todos ellos llegaron a influir radicalmente en la impresión gráfica y en el diseño editorial que es de ejemplar calidad en ese momento. Por lo que respecta a la pintura, cada quien mantenía su estilo particular.

La técnica gráfica estridentista es avanzada si se compara con la que produjo más de una década después el Taller de Gráfica Popular, pero, en cambio, esta última tuvo mayor difusión e incidencia. Se percibe en el estridentismo una buena asimilación de presupuestos Dadá, de rasgos provenientes de los dos movimientos expresionistas alemanes El Puente y El jinete Azul el futurismo. Esta actitud modernizante ya se había atenuado y aún oficializado hacia 1926. De todas formas las técnicas gráficas que los estridentistas emplearon animaron la producción del Taller de Gráfica Popular, fundado en 1937 a modo corolario de la Liga de Escritores y Artistas Revolucionarios.

Otro grupo incidente de aquellos años fue el ¡30-30!, integrado prácticamente por los mismos artistas que pintaban murales, realizaban esculturas públicas y auspiciaban la edición de revistas. La historia del arte mexicano de esos años ofrece un sinnúmero de veredas, es cierto, pero la mayoría de ellas fueron transitadas por los mismos protagonistas. De todas formas, la verdad es que tanto el estridentismo como el grupo ¡30-30! fueron formaciones acordes con las políticas culturales emanadas de la Revolución.

Y dejando la pintura de lado, con la rica tradición escultórica del México prehispánico, con el arte del retablo, de los repujados y cruces atriales en la época del virreinato y con el florecimiento de la escultura académica de corte neoclásico posterior a las guerras de independencia, resultaría lógico que esta rama de las artes plásticas tuviera una pujante continuidad durante la primera mitad del siglo XX. Pero no sucedió así. Cada plaza, cada jardín público o avenida importante en las ciudades mexicanas cuenta con un «héroe», la mayor parte de las veces vaciado en bronce, aunque también hay héroes de piedra, de granito, de basalto y de mármol. Sin embargo estas efigies obedecen a resoluciones muy similares, aunque la mayoría de sus autores han sido escultores nacidos en este siglo. Ha sucedido algo parecido a lo que ocurrió en la ex-Unión Soviética, donde al hacerse necesaria la heroicidad de los altos cargos, la escultura adquirió patrones prototípicos que anularon la posibilidad de experimentación.

Por lo demás, conviene señalar que cuando la escultura es pública, pero además convive en estrecha relación con la arquitectura, con las señalizaciones urbanas o con los ámbitos universitarios, las cosas suceden de otro modo. De todas formas, las modernidades mexicanas más avanzadas durante la primera mitad del siglo se dan en torno a la apropiación de ciertos rasgos que provienen de Maillol y de Bourdelle. El *Art Déco* en México fue mucho más que una moda y privilegiaron notables arquitectos.

Hubo, sin embargo, una Escuela Mexicana de Escultura, no tan dependiente de los principios revolucionarios de 1910 como sucede con la pintura mural. La «Escuela» repite sólo unos pocos temas plasmados en esculturas exentas: el campesino con su machete, la madre con su hijo, vivo o difunto, tema que deriva desde luego de la iconografía mariana, la hermosa y robusta mujer tropical meciéndose en su hamaca, algunos obreros con el puño en alto y temas por el estilo. La escultura intimista es otra cosa: en ese campo sí se ensayan distintos modos de hacer y se logran proposiciones que conjugan los recursos del arte abstracto con la tendencia figurativa predominante.

De una forma u otra, los críticos más acérrimos de los escultores en muchos casos fueron los artistas mismos. Así, el escultor Guillermo Ruiz respondiendo a una encuesta, declaró abiertamente que «no existe aún la escultura que represente nuestro período revolucionario» y el pintor Fermín Revueltas afirmó que de plano «no existe siquiera la escultura», en lo cual, exageraba. Los únicos dos escultores que colaboraron en el proyecto nacionalista de Vasconcelos fueron Ignacio Asúnsolo, autor, entre muchas otras obras, de la ornamentación escultórica del monumento a Álvaro Obregón, y Fidias Elizondo, creador de desnudos, puertas, plafones, retratos y de algunas piezas públicas, como el enorme Cristo Rey, de veinte metros de altura, que se alza en el vértice del Cerro del Cubilete, especie de centro geográfico de la República en el Estado de Guanajuato. Asúnsolo fue más versátil, se formó en Europa y experimentó con las vanguardias, además de que ejerció la docencia en la academia de San Carlos, formando a múltiples generaciones de alumnos. Otro tanto puede decirse del escultor Luis Ortiz Monasterio cuyo impresionante culteranismo dio lugar a un abanico de piezas históricas muy diversificadas.

Es cierto que el Estado mexicano no patrocinó a los escultores en la misma medida en que propulsó el muralismo. La escultura pública depende principalmente de la comisión oficial y por ello en México está retrasada respecto a la pintura. Las cosas cambiarían después de la segunda mitad del siglo. Sin embargo, ya las obras que hemos nombrado muestran la existencia de una multiplicidad de manifestaciones que van, desde la adopción natural de cánones expresionistas hasta la pertinente síntesis de las esculturas en el Monumento a la Revolución, realizadas por Oliverio Martínez, quien puede ser considerado como antecesor del muy conocido Francisco Zúñiga (ayudante del anterior). Las figuras de este último de matronas indígenas, las inmarcesibles istmeñas propulsoras de matriarcados, fuertes e impasibles como diosas clásicas, han dado la vuelta al mundo. Tanto en sus versiones volumétricas como en las litográficas, han acarreado a su autor indiscutible reconocimiento y dividendos nada despreciables. Zúñiga y sus varios seguidores crean una escuela, cuyas constantes configuran aquello que denominamos «estilo», un estilo que —excluido Zúñiga, su generador real— resulta caduco, pero comercialmente ha sido altamente efectivo, tanto dentro como fuera de México.

Como se narra más adelante, en 1938 André Bretón realizó una visita a México con la esperanza de aliarse con Trotski y Diego Rivera para continuar con la idea de vincular el surrealismo, del que era líder, a la Revolución. Esto no sucedió (aunque se reunieron los tres en Pátzcuaro en el Estado de Michoacán y redactaron un «manifiesto»). Bretón encontró que México era el país surrealista por excelencia, lo cual, dicho sea de paso, no fue un descubrimiento muy notable si tenemos en cuenta que las aptitudes «paranormales»

61

o fantasiosas de los artistas y artesanos mexicanos forman parte de una tradición milenaria. De hecho la capacidad de iluminar con destellos sesgados, aspectos escondidos o no tan evidentes de la realidad cotidiana es una tendencia constante en este país. Está relacionada con la perpetua vida de la muerte, con las creencias religiosas, y el politeísmo de un pueblo que desarrolló sincronía natural con el santoral católico. Dada la rica variedad de atributos, propia del complicado panteón prehispánico, fue lógico que los santos cristianos se tomaran como dioses menores. Por cierto, la tendencia ha revivido hoy día, pero de una manera consciente, incorporada al arsenal «posmoderno». Un buen número de artistas jóvenes amalgaman elementos religiosos y rituales a sus producciones, ya sea que los subviertan con objeto de transmitir determinado tipo de mensajes, o que simplemente los traigan a colación, interpretándolos a su modo, frecuentemente con ironía. Claro que también existió influencia directa del surrealismo y del arte fantástico, absorbida en mayor medida a través de poetas, ensayistas y narradores mexicanos afectos al movimiento bretoniano, a través de los artistas del surrealismo ortodoxo europeo. La persecución de lo fantástico y aún de lo irracional, como reducto que es de un romanticismo teñido de excentricidad, se avino como anillo al dedo a nuestras mentalidades mexicanas. Frida Kahlo fue en muchos aspectos el prototipo de Bretón. Pero ya antes de que él la comparase a una bomba atada con un listón, Antonin Artaud había reparado en la obra de María Izquierdo y a ellas pudieron haberse sumado muchos otros pintores, que ni Artaud ni Bretón conocieron, como Manuel González Serrano, por ejemplo. Varios otros: Enrique Guzmán, Nahum B. Zenil, Julio Galán y Rocío Maldonado, por citar presencias contemporáneas destacadas, practicaron o practican la «sobrerrealidad» recurriendo a sus propias raíces mexicanas.

Álex: Your «Botticelli»

Frida Kahlo siguió el camino de otros muchos artistas de la época. Sus primeros cuadros, los autorretratos y los retratos de familiares y amigos responden a la estética mexicana del siglo XIX que estaba totalmente influenciada por Europa. Es el caso de su primer cuadro que regaló a Alejandro. Aunque ella le llama Botticelli, el cuadro tiene un gran parecido a una obra de Modigliani. Sea de un modo o de otro, la verdad es que el cuadro consiguió el efecto deseado por Frida y Alejandro volvió a mantener contacto, al menos por carta, con ella. Los padres de él, no se sabe con certeza si su intención era separarles, le mandaron a estudiar a Europa. Ella desde su casa seguía contándole y mostrándole sus sentimientos, además de explicarle el proceso de su recuperación, que pasó por llevar tres corsés distintos no se sabe bien si con un objetivo muy claro y efectivo.

La obra es oscura y melancólica. En ella, Frida se representa como una mujer bella, frágil y vital. Extiende la mano derecha como si pidiera que la tomara. Lleva un romántico vestido de terciopelo color vino, cuyo cuello y puños parecen ser de brocado dorado. Es una moda, que al contrario de los años veinte, realza su feminidad: el escote bajo realza su largo cuello pálido y sus pechos. Sin embargo, la expresión de su rostro permanece fría y reservada. En vez de llenar todo el ancho del lienzo, Frida deja una franja abierta a ambos lados de la figura. De este modo realza las cualidades de la modelo.

Otros cuadros que también responden a la misma estética y son de la misma época son el *Retrato de Miguel N. Lira,* el *Retrato de Alicia Galant* y el *Retrato de Cristina, mi hermana.*

El cambio de corsé tan deseado por Frida, para ver si sentía algún tipo de alivio, se convertía en un suplicio para ella que debía pasar sola por la experiencia, ya que la familia no estaba autorizada a estar con ella. No debe ser muy agradable estar suspendida por la cabeza para lograr que la espalda estuviera lo más estirada posible. Aguantarse con las puntas de los pies y notar el yeso directamente sobre la piel mientras una corriente de aire mecánica lo secaba. Este tormento duraba unas cuatro horas. Y la incomodidad de llevarlo era casi insoportable, Frida sentía que sus pulmones no podían tomar suficiente aire. No podía dormir ni andar. Aún así no dejó de escri-

63

bir a Alejandro. Quizá era eso lo que le daba fuerza, lo que la unía a la vida.

Frida sentía que era una molestia para su familia, que había tenido que hipotecar la casa para poder pagar las facturas de los médicos que la trataban. Además, en algunas de sus cartas se muestra que no se le hicieron ciertos tratamientos médicos porque sus padres no podían costearlos. «Ya no sirve de nada el segundo corsé de yeso que me pusieron», escribe Frida a Alejandro, «y en eso se han tirado casi cien pesos a la calle, pues se los entregaron a un par de ladrones que es lo que son la mayor parte de los doctores». A Frida no le pudieron hacer ni siquiera algo tan necesario como una radiografía.

Con el tercer corsé de nuevo volvió a sufrir mucho Frida. Tuvo que estar un tiempo sin corsé y en ese intervalo Frida pensaba que iba a caer desplomada, lloró y tembló de miedo. Estaba muy débil, había adelgazado mucho y le dolían las dos piernas, y no sólo la inválida. Sólo deseaba que le volvieran a colocar el corsé. Con este tercer corsé los médicos esperaban escapar de una operación. Frida, sin embargo, ya no confiaba en ningún médico.

Volvió a estar por un tiempo inmovilizada, y entretanto leía mucho y también hablaba con su padre y le tranquilizaba diciéndole que en cuanto pudiera trabajaría. En este estado tan desolador, ya que en casa habían tenido hasta que vender parte de los muebles, Frida cumplió los 20 años. Como es de suponer en su casa pasó bastante desapercibido si no fuera porque su padre le demostró, una vez más, cuánto la quería obsequiándola con el Torcuato Tasso, de Goethe, y, en su interior, una nota con las mismas palabras que muchos años atrás le había dicho a la madre de Frida. En alemán, por supuesto.

En una ocasión la casa pareció revivir cierta alegría con la celebración de la onomástica de uno de los Cachuchas que decidieron llevar a cabo junto a Frida. Hubo música, baile, poesía y Frida, de manera excepcional, fue transportada al salón en una silla de ruedas. Se sintió contenta y al mismo tiempo muy triste de ver que ella no podía celebrarlo como el resto de sus cuates. Llevar una vida normal.

Se acercaba la fecha en que hacía dos años del accidente y Frida no podía estar más que desesperanzada. Así se lo explicaba a Alejandro que esperaba volver en dos meses:

Sigo mala y casi sin esperanzas. Como siempre, nadie lo cree. Hoy es el 17 de septiembre, el peor de todos porque estoy sola. Cuando tú vengas yo no podré ofrecerte nada de lo que quisiera (...) Todas estas cosas me atormentan constantemente. Toda la vida está en ti, pero yo no podré poseerla (...). Soy muy simple y sufro demasiado por lo que no debía. Soy muy joven y es posible aliviarme. Únicamente no lo puedo creer; lo debía creer, ¿verdad? Seguramente será en noviembre.

Y sorprendentemente, a la vuelta de Alejandro, éste encontró a una Frida casi restablecida que, aunque con dolores, iba y venía en búsqueda de un trabajo. Sus autorretratos dan fe de ello. Mientras el retrato que regaló a Alejandro tiene un aire aristocrático que revela el interés por la pintura renacentista, ahora por ejemplo en su autorretrato llamado *El tiempo vuela* su rostro ya no es pálido, sino que mira de frente. Es un rostro fresco, con color en las mejillas, alegre, positivo y seguro de sí mismo. El elegante vestido ha sido sustituido por una sencilla blusa de algodón (típica prenda que todavía hoy puede encontrarse en los mercados mexicanos). Además, el sombrío fondo *art nouveau*, que también se puede ver en el retrato de Alicia Galant, ha sido rasgado. Ahora hay una cortina abierta en el centro y recogida hacia los lados por medio de dos gruesos cordeles rojos, permite ver el cielo sobre la baranda del balcón, donde un pequeño avión de hélice vuela en círculos. Tras el hombro de Frida, a la derecha, se hace visible una columna torneada sobre la que se encuentra un despertador de metal.

La relación entre Frida y Alejandro había vuelto a lo que fue en sus inicios: una amistad sincera y fuerte, y nada más. Aunque Frida se puso celosa cuando Alejandro se interesó por una amiga que ambos tenían en común. Pero ya no sufrió más, aparentemente, de amor por Alejandro. En su lugar, Frida volvió a retomar las amistades que había hecho en la escuela. Uno de ellos, Germán del

Campo la introdujo en un círculo de gente cercano al comunista cubano en el exilio Julio Antonio Mella. Mella era un editor y periodista, además de un convencido revolucionario. Y Frida simpatizó enseguida con la pareja de éste, Tina Modotti.

Tina Modotti, de origen italiano, había llegado a México unos años antes en compañía de su anterior pareja, el fotógrafo norteamericano Edward Weston. Tina, que también se dedicó entonces a la fotografía, estaba metida en los círculos artísticos, llevaba una vida de lo más bohemia y eran sabidos por todos sus ideales liberales. Así que Frida fue conducida por Tina a esos mismos ambientes. La llevó a reuniones políticas y a fiestas de artistas. En esa época Frida decidió entrar en el partido Comunista. Y en esos encuentros Frida también conoció al que sería el hombre de su vida: Diego Rivera.

VI. BALADA DE LA REVOLUCIÓN

En mi vida he tenido dos accidentes, el del tranvía y el de Diego Rivera.

Frida Kahlo

Era una fiesta en principio como otras a las que llevaba asistiendo Frida últimamente de la mano de Tina. Pero de repente apareció él con una pistola y apuntó al fonógrafo. Y efectivamente, le disparó. Hubo un silencio y algunos de los que bailaban dejaron de hacerlo. Ante el gemido que emitió el aparato todo fueron vítores y aplausos. La única que parecía sorprendida ante aquel episodio que acaba de presenciar era Frida que observaba cómo Diego era escuchado por todos los presentes y él, como si de un Dios se tratara, se extendía contando mil historias de sus experiencias vividas por todo el mundo por el que había viajado.

Físicamente, Diego ya imponía. Pero lo que encandilaba a la gente era su verborrea. No paraba de hablar y actuaba como una celebridad ante la gente. Las mujeres, a pesar de que Diego era bastante feo y con sobrepeso, revoloteaban a su alrededor. Tenía 41 años y era el más famoso pintor de México y el que peor reputación tenía.

Rivera nació en 1887 en Guanajuato, hijo de un maestro y de su esposa, dueña de una tienda de dulces. Diego María de la Concepción Juan Nepomuceno Estanislao de la Rivera y Barrientos Acosta y Rodríguez fue considerado desde niño como un prodigio. Con diez años ya se interesó por el arte y pidió ir a una escuela de arte. Y así fue, de día estudiaba en una escuela de primaria y por las noches tomaba clase en la mejor escuela de arte del momento, la Academia de San Carlos. Ganó premios y becas y decidió dejar de estudiar y dedicarse en seguida a la pintura. Y para hacerlo marchó donde podría hacerlo mejor, a Europa. España y París fueron los lugares que le acogieron por mayor tiempo. A su regreso a México en 1921 ya había enseñado sus dotes liberales sobre todo en el campo del amor. Había tenido una relación con Angelina Belfo y una hija ilegítima con una mujer rusa. También hizo muchos amigos, sobre todo en los círculos bohemios.

Su primer trabajo en México fue el mural titulado *Creación*.

Diego visto por Frida

Nadie mejor que Frida para describir a Diego Rivera, aunque esta descripción se haya hecho en un tiempo más avanzado cuando ya llevaban años de relación. Se trata del «*Retrato de Diego*».

Advierto que este retrato de Diego lo pintaré con colores que no conozco: las palabras, y por esto, será pobre; además, quiero en tal forma a Diego que no puedo ser «espectadora» de su vida, sino parte, por lo que —quizá— exageraré lo positivo de su personalidad única tratando de desvanecer lo que, aun remotamente, puede herirlo. No será esto un relato biográfico: considero más sincero escribir solamente sobre el Diego que yo creo haber conocido un poco en estos veinte años que he vivido cerca de él. No hablaré de Diego como de «mi esposo», porque sería ridículo; Diego no ha sido jamás ni será «esposo» de nadie. Tampoco como de un amante, porque él abarca mucho más allá de las limitaciones sexuales, y si hablara de él como de un hijo, no haría sino describir o pintar mi propia emoción, casi mi autorretrato, no el de Diego. Con esta advertencia, y con toda limpieza, trataré de decir la única verdad: la mía, que esboce, dentro de mi capacidad, su imagen.

SU FORMA: con cabeza asiática sobre la que nace un pelo oscuro, tan delgado y fino que parece flotar en el aire, Diego es un niño grandote, inmenso, de cara amable y mirada un poco triste. Sus ojos saltones, oscuros, inteligentísimos y grandes, están difícilmente detenidos —casi fuera de las órbitas— por párpados hinchados y protuberantes como de batracio, muy separados uno del otro, más que otros ojos. Sirven para que su mirada abarque un campo visual mucho más amplio, como si estuvieran construidos especialmente para un pintor de los espacios y las multitudes. Entre esos ojos, tan distantes uno de otro, se adivina lo invisible de la sabiduría oriental, y muy pocas veces desaparece de su boca búdica, de labios carnosos, una sonrisa irónica y tierna, flor de su imagen.

Viéndolo desnudo, se piensa inmediatamente en un niño rana, parado sobre las patas de atrás. Su piel es blanco-verdosa, como de animal acuático. Solamente sus manos y su cara son más oscuras, porque el sol las quemó.

Sus hombros infantiles, angostos y redondos, se continúan sin ángulos en brazos femeninos, terminando en unas manos maravillosas, pequeñas y de fino dibujo, sensibles y sutiles como antenas que comunican con el universo entero. Es asombroso que esas manos hayan servido para pintar tanto y trabajen todavía infatigablemente.

De su pecho hay que decir que: si hubiera desembarcado en la isla que gobernaba Safo, no hubiera sido ejecutado por sus guerreras. La sensibilidad de sus maravillosos senos lo hubieran hecho admisible. Aunque su virilidad, específica y extraña, lo hace deseable también en dominios de emperatrices ávidas de amor masculino.

Su vientre, enorme, terso y tierno como una esfera, descansa sobre sus fuertes piernas, bellas como columnas, que rematan en grandes pies, los cuales se abren hacia fuera, en ángulo obtuso, como para abarcar toda la tierra y sostenerse sobre ella incontrastablemente, como un ser antediluviano, en el que emergiera, de la cintura para arriba, un ejemplar de humanidad futura, lejana de nosotros dos o tres mil años.

Duerme en posición fetal y durante su vigilia, se mueve con lentitud elegante, como si viviera dentro de un medio líquido. Para su sensibilidad, expresada en su movimiento, parece que el aire fuera más denso que el agua.

La forma de Diego es la de un monstruo entrañable, al cual la abuela, Antigua Ocultadora, la materia necesaria y eterna, la madre de los hombres, y todos los dioses que éstos inventaron en su delirio, originados por el miedo y el hambre, LA MUJER, entre todas ellas —YO— quisiera siempre tenerlo en brazos como a un niño recién nacido.

SU CONTENIDO: Diego está al margen de toda relación personal, limitada y precisa. Contradictoria como todo lo que mueve a la vida es, a la vez, caricia inmensa y descarga violenta de fuerzas poderosas y únicas. Se le vive dentro, como a la semilla que la tierra atesora, y fuera, como a los paisajes. Probablemente algunos esperan de mí un retrato de Diego muy personal, «femenino», anecdótico, divertido, lleno de quejas y hasta de cierta cantidad de chismes, de esos chismes «decentes», interpretables y aprovechables según la morbosidad de los lectores. Quizá esperen oír de mí lamentos de «lo mucho que se sufre» viviendo con un hombre como Diego. Pero yo no creo que los márgenes de un río sufran por dejarlo correr, ni la tierra sufra porque llueva, ni el átomo sufra descargando su energía... para mí, todo tiene una compensación natural. Dentro de mi papel, difícil y oscuro, de aliada de un ser extraordinario, tengo la recompensa que tiene un punto verde dentro de una cantidad de rojo: recompensa de equilibrio. Las penas o alegrías que norman la vida en esta sociedad, podrida de mentiras, en la que vivo, no son las mías. Si tengo prejuicios y me hieren las acciones de los demás, aun las de Diego Rivera, me hago responsable de mi incapacidad para ver con claridad, y si no los tengo, debo admitir que es natural que los glóbulos rojos luchen contra los blancos sin el menor prejuicio y que ese fenómeno solamente signifique salud.

No seré yo quien desvalorice la fantástica personalidad de Diego, al que respeto profundamente, diciendo sobre su vida estupideces. Quisiera, por el contrario, expresar como se merece, con la poesía que no poseo, lo que Diego es en realidad.

De su pintura habla ya —prodigiosamente— su pintura misma.

De su función como organismo humano se encargarán los hombres de ciencia. De su valiosa cooperación social revolucionaria,

70

su obra objetiva y personal, todos aquellos que sepan medir su trascendencia incalculable en el tiempo; pero yo, que le he visto vivir veinte años, no tengo medios para organizar y describir las imágenes vivas que, aunque fuera débilmente, pero con hondura, dibujaran siquiera lo más elemental de su figura. Desde mi torpeza saldrán solamente unas cuantas opiniones y serán el único material que pueda ofrecer.

Las raíces profundas, las influencias externas y las verdaderas causas que condicionan la personalidad inigualable de Diego, son tan vastas y complejas que mis observaciones serán pequeños brotes en las múltiples ramas del árbol gigantesco que es Diego.

Son tres las direcciones o líneas principales que yo considero básicas en su retrato: la primera, la de ser un luchador revolucionario constante, dinámico, extraordinariamente sensible y vital; trabajador infatigable en su oficio, que conoce como pocos pintores en el mundo; entusiasta fantástico de la vida, y, a la vez, descontento siempre de no haber logrado saber más, construir más y pintar más. La segunda: la de ser un curioso eterno, investigador incansable de todo, y la tercera: su carencia absoluta de prejuicios y, por tanto, de fe, porque Diego acepta —como Montaigne— que «allí donde termina la duda comienza la estupidez» y, aquel que tiene fe en algo admite la sumisión incondicional, sin libertad de analizar o de variar el curso de los hechos. Por este clarísimo concepto de la realidad, Diego es rebelde y, conociendo maravillosamente la dialéctica de la vida, Diego es revolucionario. De este triángulo, sobre el que se elaboran las demás modalidades de Diego, se desprende una especie de atmósfera que envuelve el total. Esta atmósfera móvil es el amor, pero el amor como estructura general, como movimiento constructor de belleza. Yo me imagino que el mundo que él quisiera vivir, sería una gran fiesta en la que todos y cada uno de los seres tomara parte, desde los hombres hasta las piedras, los soles y las sombras: todos cooperando con su propia belleza y su poder creador. Una fiesta de la forma, del color, del movimiento, del sonido, de la inteligencia, del conocimiento, de la emoción. Una fiesta esférica, inteligente y amorosa, que cubriera la superficie entera de la tierra. Para hacer esa fiesta, lucha continuamente y ofrece todo cuanto tiene: su genio, su imaginación, sus palabras y sus acciones. Lucha, cada instante, por borrar en el hombre el miedo y la estupidez.

Por su deseo profundo de ayudar a transformar la sociedad en que vive en una más bella, más sana, menos dolorosa y más inteligente, y por poner al servicio de esa Revolución Social, ineludible y positiva, toda su fuerza creadora, su genio constructor, su sensibilidad penetrante y su trabajo constante, a Diego se le ataca continuamente. Durante esos veinte años lo he visto luchar contra el complicadísimo engranaje de las fuerzas negativas contrarias a su empuje de libertad y transformación. Vive en un mundo hostil porque el enemigo es mayoría, pero esto no lo acobarda, y mientras viva, saldrán siempre de sus manos, de sus labios y de todo su ser, alientos nuevos, vivos, valientes y profundos de combate.

Como Diego, han luchado ya todos los que trajeron a la tierra luz; como ellos, Diego no tiene «amigos», sino aliados. Los que emergen de sí mismos son magníficos; su inteligencia brillante, su conocimiento profundo y claro del material humano dentro del que trabaja, su experiencia sólida, su gran cultura no de libros, sino inductiva y deductiva; su genio y su deseo de construir, con cimientos de realidad, un mundo limpio de cobardía y de mentira. En la sociedad en que vive, somos sus aliados todos los que, como él, nos damos cuenta de la necesidad imperativa de destruir las bases falsas del mundo actual.

Contra los ataques cobardes que se le hacen, Diego reacciona siempre con firmeza y con gran sentido del humor. Nunca transige ni cede: se enfrenta abiertamente a sus enemigos, solapados la mayoría y valerosos algunos, contando siempre con la realidad, nunca con elementos de «ilusión» o de «ideal». Esta intransigencia y rebeldía son fundamentales en Diego; complementan su retrato.

Entre las muchas cosas que se dicen de Diego éstas son las más comunes: le llaman mitómano, buscador de publicidad y, la más ridícula, millonario. Su pretendida mitomanía está en relación directa con su tremenda imaginación, es decir, es tan mentiroso

como los poetas o como los niños a los que todavía no han idioti-
zado la escuela o sus mamás. Yo le he oído decir toda clase de
mentiras: desde las más inocentes, hasta las historias más com-
plicadas de personajes a quienes su imaginación combina en
situaciones y procederes fantásticos, siempre con gran sentido de
humor y crítica maravillosa; pero nunca le he oído decir una sola
mentira estúpida o banal. Mintiendo, o jugando a mentir, desen-
mascara a muchos, aprende el mecanismo interior de otros,
mucho más ingenuamente mentirosos que él, y lo más curioso de
las supuestas mentiras de Diego es que, a la larga o a la corta, los
involucrados en la combinación imaginaria se enojan, no por la
mentira, sino por la verdad contenida en la mentira, que siempre
sale a flote. Es entonces cuando se «alborota el gallinero», pues
se ven descubiertos en el terreno en que precisamente se creían
protegidos. Lo que en realidad sucede es que Diego es de los muy
pocos que se atreven a atacar por la base, de frente y sin miedo,
a la estructura llamada MORAL de la hipócrita sociedad en que
vivimos, y como la verdad no peca pero incomoda, aquéllos que se
ven descubiertos en sus más recónditos móviles secretos, no pue-
den sino llamar a Diego mentiroso, o cuando menos, exagerado.

Dicen que busca publicidad. Yo he observado que más bien tra-
tan de hacerla los otros con él, para sus propios intereses, sólo que
lo hacen con métodos jesuitas mal aplicados, porque generalmente
les sale «el tiro por la culata». Diego no necesita publicidad, y
mucho menos la que en su propio país se le obsequia. Su trabajo
habla por sí mismo. No solamente por lo que ha hecho en la tie-
rra de México, donde desvergonzadamente se le insulta más que
en ninguna otra parte, sino en todos los países civilizados del
mundo, en los que se le reconoce como uno de los hombres más
importantes y geniales en el campo de la cultura. Es increíble, por
cierto, que los insultos más bajos, más cobardes y más estúpidos
en contra de Diego hayan sido vomitados en su propia casa:
México. Por medio de la prensa, por medio de actos bárbaros y
vandálicos con los que han tratado de destruir su obra, usando
desde las inocentes sombrillas de las señoras «decentes», que
rayan sus pinturas hipócritamente, y como de pasada, hasta áci-

dos y cuchillos de comedor, no olvidando el salivazo común y
corriente, digno de los poseedores de tanta saliva como poco seso;
por medio de letreros en las paredes de las calles en las que se
escriben palabras nada adecuadas para un pueblo tan católico;
por medio de grupos de jóvenes «bien educados» que apedrean su
casa y su estudio destruyendo insustituibles obras de arte mexi-
cano precortesiano —que forman parte de las colecciones de
Diego—, los que después de hacer su «gracia» echan a correr; por
medio de cartas anónimas (es inútil hablar del valor de sus remi-
tentes) o por medio del silencio, neutral y pilatesco, de personas
en el poder, encargadas de cuidar o impartir cultura para el buen
nombre del país, no dándole «ninguna importancia» a tales ata-
ques contra la obra de un hombre que con todo su genio, su
esfuerzo creador, único, trata de defender, no sólo para él, sino
para todos, la libertad de expresión.

Todas esta maniobras a la sombra y a la luz se hacen en nom-
bre de la democracia, de la moralidad y de ¡Viva México! —tam-
bién se usa, a veces, ¡Viva Cristo Rey!—. Toda esta publicidad que
Diego no busca, ni necesita, prueba dos cosas: que el trabajo, la
obra entera, la indiscutible personalidad de Diego son de tal
importancia que tienen que tomarse en cuenta por aquéllos a quie-
nes él echa en cara su hipocresía y sus planes arribistas y des-
vergonzados; y el estado deplorable y débil de un país —semico-
lonial— que permite que sucedan en 1949 cosas que solamente
podrían acontecer en plena Edad Media, en la época de la Santa
Inquisición o mientras imperó Hitler en el mundo.

Para reconocer al hombre, al maravilloso pintor, al luchador
valiente y al revolucionario íntegro, esperan su muerte. Mientras
viva habrá muchos «machos», de ésos que han recibido su educa-
ción en el «paquín», que seguirán apedreando su casa, insultándolo
anónimamente o por medio de la prensa de su propio país y otros,
todavía más «machos», pico de cera, que se lavarán las manos y
pasarán a la historia envueltos en la bandera de la prudencia.

Y le llaman millonario... La única verdad en esto de los millo-
nes de Diego es ésta: siendo artesano, y no proletario, posee sus
útiles de producción —es decir, de trabajo—, una casa en la que

vive, trapos que echarse encima y una camioneta desvencijada que le sirve como a los sastres las tijeras. Su tesoro es una colección de obras escultóricas maravillosas, joyas del arte indígena, corazón vivo del México verdadero, que con indecibles sacrificios económicos ha logrado reunir en más de treinta años para colocarla en un museo que está construyendo desde hace siete. Esta obra la ha levantado con su propio esfuerzo creador y con su propio esfuerzo económico, es decir, con su talento maravilloso y con lo que le pagan por sus pinturas; lo donará a su país, legando a México la fuente más prodigiosa de belleza que haya existido, regalo para los ojos de los mexicanos que los tengan y admiración incalculable para los de afuera. Excepto esto, económicamente no tiene nada; no posee otra cosa que su fuerza de trabajo. El año pasado no tenía dinero suficiente para salir del hospital, después de sufrir una pulmonía. Todavía convaleciente, se puso a pintar para sacar los gastos de la vida diaria y los salarios de los obreros que, como los gremios del Renacimiento, cooperan con él para construir la obra maravillosa del Pedregal.

Pero a Diego los insultos y los ataques no lo cambian. Forman parte de los fenómenos sociales de un mundo en decadencia y nada más. La vida entera le sigue interesando y maravillando, por cambiante, y todo le sorprende por bello, pero nada le decepciona ni le acobarda porque conoce el mecanismo dialéctico de los fenómenos y de los hechos.

Observador agudísimo, ha logrado una experiencia que, unida a su conocimiento —podría yo decir, interno, de las cosas— y a su intensa cultura, le permite desentrañar las causas. Como los cirujanos, abre para ver, para descubrir lo más hondo y escondido y lograr algo cierto, positivo, que mejore las circunstancias y el funcionamiento de los organismos. Por eso Diego no es ni derrotista ni triste. Es fundamentalmente, constructor, y sobre todo, arquitecto. Es arquitecto en su pintura, en su proceso de pensar y en el deseo apasionado de estructurar una sociedad anónima, funcional y sólida. Compone siempre con elementos precisos, matemáticos. No importa su composición es un cuadro, una casa o un argumento. Sus cimientos son siempre la realidad. La poesía que

75

sus obras contienen es la de los números, la de las fuentes vivas de la historia. Sus leyes, las leyes físicas y firmes que rigen la vida entera de los átomos a los soles. Prueba magnífica de su genio de arquitecto son sus murales que se ligan, viven, con la construcción misma del edificio que los contiene, con la función material y organizada de ellos.

La obra estupenda que está construyendo en el pueblo de San Pablo Tepetlapa, a la que él llama el anahuacalli (casa de Anahuac), destinada a guardar su inigualable colección de escultura antigua mexicana, es un enlace de formas antiguas y nuevas, creación magnífica que hará perdurar y revivir la arquitectura incomparable de la tierra de México. Crece en el paisaje increíblemente bello del Pedregal como una enorme cactácea que mira al Ajusco, sobria y elegante, fuerte y fina, antigua y perenne; grita, con voces de siglos y de días, desde sus entrañas de piedra volcánica: ¡México está vivo! Como la Coatlicue, contiene la vida y la muerte; como el terreno magnífico en que está erigida, se abraza a la tierra con la firmeza de una planta viva y permanente.

Trabajando siempre, Diego no vive una vida que pudiera llamarse normal. Su capacidad de energía rompe los relojes y los calendarios. Materialmente, le falta tiempo para luchar, sin descanso, proyectando y realizando constantemente su obra. Genera y recoge ondas difíciles de comparar a otras, y el resultado de su mecanismo receptor y creador, siendo tan vasto y tan inmenso, jamás lo satisface. Las imágenes y las ideas fluyen en su cerebro con un ritmo diferente a lo común y por esto su intensidad de fijación y su deseo de hacer siempre más son incontenibles. Este mecanismo lo hace indeciso. Su indecisión es superficial porque, finalmente, logra hacer lo que le da la gana con una voluntad segura y planeada. Nada pinta mejor esta modalidad de su carácter que aquello que una vez me contó su tía Cesarita, hermana de su madre. Recordaba que, siendo Diego muy niño, entró en una tienda, de esos tendajones mixtos llenos de magia y de sorpresa que todos recordamos con cariño, y parado frente al mostrador, con unos centavos en la mano miraba y repasaba todo el universo contenido dentro de la tienda, mientras gritaba desesperado y furiosos: ¡Qué quiero! La tienda se llamaba «El porvenir», y esta indecisión de Diego ha durado toda la vida. Pero aunque pocas veces se decide a escoger, lleva dentro una línea-vector que va directamente al centro de su voluntad y su deseo.

Siendo el eterno curioso, es, a la vez, el eterno conversador. Puede pintar horas y días sin descansar, charlando mientras trabaja. Habla y discute de todo, absolutamente de todo, gozando, como Walt Whitman, con todos los que quieran oírlo. Su conversación siempre interesa. Tiene frases que asombran, que a veces hieren; otras conmueven pero jamás deja al que oye con la impresión de inutilidad o de vacío. Sus palabras inquietan tremendamente por vivas y ciertas. La crudeza de sus conceptos enerva o descontrola al que lo escucha porque ninguno de éstos comulga con las normas de conducta ya establecidas; rompen siempre la corteza para dejar nacer brotes; hieren para dejar crecer nuevas células. A algunos, a los más fuertes, la conversación y el contenido de verdad de Diego les parece monstruoso, sádico, cruel; a otros, los más débiles, los anula y los anonada y la defensa de éstos consiste en llamarlo mentiroso y fantástico. Pero todos tratan de defenderse de una manera muy semejante a como se defienden contra la vacuna, los que por primera vez en su vida van a ser vacunados. Invocan a la esperanza o a algo que los libre del peligro de la verdad. Pero Diego está desprovisto de fe, de esperanza y caridad. Es por naturaleza extraordinariamente inteligente y no admite fantasmas. Tenaz en sus opiniones, nunca cede, y defrauda a todos los que se escudan en la creencia o en la falsa bondad. De aquí que le llamen amoral y —realmente— no tiene nada que ver con los que admiten las leyes o normas de la moral.

En medio del tormento que para él son el reloj y el calendario, trata de hacer y dejar hacer lo que él considera justo en la vida: trabajar y crear. Le da beligerancia a todas las otras direcciones, es decir, nunca menosprecia el valor de los demás, pero defiende el propio, porque sabe que éste significa ritmo y relación de proporciones con el mundo de la realidad. A cambio de placer, da placer; a cambio de esfuerzo, da esfuerzo. Estando más capacitado que los otros, da mucha mayor cantidad y calidad de sensibilidad

pidiendo solamente entendimiento. Muchas veces ni esto consigue,
pero no por esto se somete ni se rinde. Muchos de los conflictos
que su personalidad superior causa en la vida diaria, provienen de
ese descontrol natural que provocan sus conceptos revoluciona-
rios en relación a los ya sometidos a un rigor y a una norma. Los
problemas que se pudieran llamar de hogar, que varias mujeres
hemos tenido cerca de Diego, consisten en lo mismo. Diego tiene
una profunda conciencia de clase y del papel que las otras clases
sociales tienen en el funcionamiento general del mundo. De las
personas que hemos vivido cerca de él, unas queremos ser aliadas
de la causa por la que él trabaja y pelea, y otras no. De aquí se
origina una serie de conflictos en los que él se ve mezclado, pero
de los que no es responsable, puesto que su posición es clara y
transparente. Su unidad humana, sin prejuicios, ya sea por genio,
por educación o por transformación, no es responsable de la inca-
pacidad de los demás, ni de las consecuencias que ésta aporte a
la vida social. Él trabaja para que todas las fuerzas se aprovechen
y se organicen con una mayor armonía.

¿Con qué armas se puede luchar a favor o en contra de un ser
que está más cerca de la realidad, más dentro de la verdad, si estas
armas son morales, es decir, normadas según las conveniencias de
determinada persona o sector humano? Naturalmente tienen que
ser amorales, rebeldes a lo ya establecido o admitido como bueno
o malo. Yo —con la plenitud de mi responsabilidad— estimo que no
puedo estar en contra de Diego, y si no soy una de sus mejores alia-
das, quisiera serlo. De mi actitud en este ensayo de retrato pueden
deducirse muchas cosas, depende de quienes las deduzcan; pero mi
verdad, la única que puedo dar acerca de Diego está aquí. Limpia,
inmedible en sincerómetros, que no existen, sino con la convicción
de lo que respecta a mí misma, mi propia experiencia.

Ningunas palabras describirán la inmensa ternura de Diego
por las cosas que tienen belleza; su cariño por los seres que no tie-
nen que ver en la presente sociedad de clases; o su respeto por los
que están oprimidos por la misma. Tiene especial adoración por
los indios a quienes lo liga su sangre; los quiere entrañablemente
por su elegancia, por su belleza y por ser la flor viva de la tradi-

ción cultural de América. *Quiere a los niños, a todos los animales, con predilección a los perros pelones mexicanos y a los pájaros, a las plantas y a las piedras. Ama a todos los seres sin ser dócil ni neutral. Es muy cariñoso pero nunca se entrega; por esto, y porque apenas tiene tiempo para dedicarse a las relaciones personales, le llaman ingrato. Es respetuoso y fino y nada le violenta más que la falta de respeto de los demás y el abuso. No soporta el truco o el engaño solapado; lo que en México se llama «tomadura de pelo». Prefiere tener enemigos inteligentes que aliados estúpidos. De temperamento es más bien alegre, pero le irrita enormemente que le quiten el tiempo en el trabajo. Su diversión es el trabajo mismo; odia las reuniones sociales y le maravillan las fiestas verdaderamente populares. A veces, es tímido, y así como le fascina conversar y discutir con todos, le encanta a veces estar absolutamente solo. Nunca se aburre porque todo le interesa; estudiando, analizando y profundizando en todas las manifestaciones de la vida. No es sentimental pero sí intensamente emotivo y apasionado. Le desespera la inercia porque él es una corriente continua, viva y potente. De buen gusto extraordinario, admira y aprecia todo lo que contiene belleza, lo mismo si vibra en una mujer o en una montaña. Perfectamente equilibrado en todas sus emociones, sus sensaciones y sus hechos, a los que mueve la dialéctica materialista, precisa y real, nunca se entrega. Como los cactus de su tierra, crece fuerte y asombroso, lo mismo en la arena que en la piedra; florece con el rojo más vivo, el blanco más transparente y el amarillo solar; revestido de espinas, resguarda dentro su ternura; vive con su savia fuerte dentro de un medio feroz; ilumina solitario como el sol vengador del gris de la piedra; sus raíces viven a pesar de que lo arranquen de la tierra, sobrepasando la angustia de la soledad y de la tristeza y de todas las debilidades que a otros seres doblegan. Se levanta con sorprendente fuerza y, como ninguna otra planta, florece y da frutos.*

Estas palabras, aunque escritas mucho tiempo más adelante que el orden que sigue esta biografía, muestran lo que vio Frida en Diego. A continuación la historia sigue su curso y cuenta su encuentro.

Frida lo observaba atentamente. Con su traje de hombre y su clavel, Frida no destacaba entre la gente extravagante que estaba presente en casa de Tina. Eso sí, disimulaba su cojera evitando desplazarse mucho. Y lo cierto es que todo ese ambiente aún le venía grande a Frida y trataba de adaptarse. Era consciente de su encanto y se mostraba segura. Tina, al cabo de un rato se sentó junto a ella y hablaron de Diego. Frida le contó las bromas que le gastó mientras estuvo pintando murales en la preparatoria y Tina confesó haber sido una de las muchas amantes de Diego.

Ante uno de los discursos de Diego sobre Alemania, Frida prestó especial atención y pensó en su padre, en sus orígenes, en lo que le gustaría poder ir a tantos sitios y recordó a Alejandro, que era demasiado joven como para haber vivido ese Berlín del que Diego hablaba.

Este encuentro pudo ser posible tranquilamente pero, curiosamente, Frida explicaba haberlo conocido de otro modo relacionado con su interés por saber si servía para la pintura:

En cuanto me permitieron caminar y salir a la calle, fui a ver a Diego Rivera con mis cuadros. En ese entonces estaba pintando los frescos en la Secretaría de Educación. Sólo lo conocía de vista pero lo admiraba muchísimo. Tuve el valor de hablarle para que bajara del andamio y viera mis cuadros, y me dijera, con sinceridad si tenían o no algún valor... Sin más ni más le dije: «Diego, baja». Y por como es él, tan humilde, tan amable, bajó. «Oye, no vengo a coquetear ni nada, aunque seas mujeriego. Vengo a mostrarte mis cuadros. Si te interesan, dímelo, y si no, también, para ir a trabajar en otra cosa y así ayudar a mis padres». Entonces me dijo: «Mira, en primer lugar me interesan mucho tus cuadros, sobre todo este retrato tuyo, que es el más original. Me parece que en los otros se nota la influencia de lo que has visto. Ve a tu casa, pinta un cuadro, y el próximo domingo iré a verlo y te diré qué pienso». Así lo hizo, y me dijo: «Tienes talento».

En cuanto a la versión que Diego explicó en su biografía *My Art, My Life* sobre este mismo episodio se pueden ver muchos más detalles, muchos de ellos fruto de la imaginación del pintor, aunque sí especificó más sobre lo que pensó acerca de la primeriza obra de la artista:

(...) la seguí hacia un recinto ubicado debajo de una escalera, donde había dejado sus cuadros. Los volteó todos, apoyándolos a la pared. Los tres eran retratos de mujeres. Considerándolos uno por uno, inmediatamente me impresionaron. Los lienzos revelaban una energía expresiva poco usual, delineaban los caracteres con precisión, y eran realmente severos. No mostraban ninguno de los trucos que, por lo regular, distinguen el trabajo de principiantes ambiciosos, que los utilizan en nombre de la originalidad. Poseían una sinceridad plástica fundamental y una personalidad artística propia. Comunicaban una sensualidad vital, complementada por una capacidad de observación despiadada, aunque sensible. Evidentemente, esta muchacha era una verdadera artista.

En cuanto a la invitación para ver más cuadros de Frida Kahlo, ésta no fue iniciativa de Diego sino de la propia artista después de que él le aconsejara que siguiera pintando:

Entonces haré caso de tu consejo. Ahora quisiera pedirte otro favor. Tengo más cuadros, y me gustaría que los vieras. Puesto que no trabajas los domingos, ¿podrías ir a mi casa este domingo a verlos? Vivo en Coyoacán, Avenida Londres 126. Me llamo Frida Kahlo.

En ese momento Diego recordó que esta chica era la misma que había desafiado años atrás a Lupe mientras él pintaba y también la rebelde que gastaba bromas. Aún así aceptó su invitación y se presentó ese domingo en casa de los Kahlo. Allí encontró a Frida subida a un árbol y silbando la Internacional (según Diego). Frida, en cambio, recuerda que ella lo esperó subido a un naranjo y que él la ayudó a bajar de él. Y entonces le dijo que el mono era ella y él se rió pues a Diego sus críticos le decían que pintaba monos en sus murales, haciendo referencia a los personajes que pintaba. A pesar de la diferencia de edad los padres de Frida no se sorprendieron de que la pareja estuviera flirteando. Y aceptaron sin problemas las visitas y las citas que Frida y Diego empezaron a mantener. Frida le llamaba «el gordo» y también le decía que tenía cabeza de sapo. Una de las anécdotas más divertidas de cuando empezaron a salir fue que el padre de Frida en lugar de advertir o aconsejar a su hija fue a hablar con Diego:

«Veo que se interesa usted por mi hija», dijo Guillermo Kahlo.

«Sí», respondió prudente Diego.

«Bueno señor, quiero avisarle. Frida es una chica inteligente, pero tiene un demonio escondido».

«Lo sé», contestó Diego.

«Bueno, yo cumplí con mi deber», concluyó el padre de Frida.

Diferencias en el arte de Frida y el de Diego según Hayden Herrera

Muchos de los retratos de niños que pintaba Rivera poseen cierto atractivo estereotipado, mejillas y ojos que rivalizan en su redondez, hechos así para interesar a los turistas, los de Frida siempre son concretos y auténticos, llenos de detalles observados con mucha perspicacia: orejas grandes, brazos delgados, codos huesudos, mechones rebeldes de cabello y calzones visibles debajo del dobladillo de una falda.

Frida observaba las cosas de un modo distinto al de Diego. Penetró en lo particular y enfocó los detalles de la ropa y los rostros, en un intento de captar la vida individual. Los motivos de Frida salían de un mundo que se encontraba más a mano: amigos, animales, naturalezas muertas y sobre todo ella misma. Sus verdaderos temas encarnaban estados de ánimo, su propia alegría y tristeza. Las imágenes siempre estaban estrechamente vinculadas con lo que sucedía en su vida y comunican la proximidad de la experiencia vivida. (Ejemplo: *El camión*).

VII. FRIDA Y DIEGO RIVERA

El pasado miércoles, en el barrio de Coyoacán, Diego Rivera, el discutido pintor, se casó con la señorita Frieda Kahlo, una de sus discípulas. Como se ve (en la foto), la desposada vestía un simple traje de ciudad y el pintor Rivera una chaqueta sin chaleco. La ceremonia se celebró sin pompa, en una atmósfera muy cordial y con la mayor modestia, sin ostentación ni ceremonias sofisticadas. Al concluir la ceremonia algunos íntimos felicitaron a los recién casados.

La Prensa 23 de agosto de 1929

Así era. El 21 de agosto de 1929 se casaron Frida Kahlo y Diego Rivera. Sus padres, aunque aliviados pues Frida era la última niña que les quedaba por casar, no veían con muy buenos ojos el enlace, sobre todo Matilde. Para ella, que Diego le llevara tantos años, 21 exactamente, y que, además fuera un declarado comunista, feo y gordo, le parecía un marido poco apropiado para su hija. Es más, Matilde no fue a la boda de su hija oficiada en el ayuntamiento de Coyoacán. Sólo fue su padre.

La que sí que fue y también a la fiesta del enlace, fue la ex esposa de Diego Rivera, Lupe Marín, que alardeando de ser liberal y nada celosa no pudo evitar burlarse de Frida. En medio de la celebración hizo callar a todos los presentes y se dirigió hacia Frida, le levantó las faldas para que la gente viera las piernas de la nueva esposa de Diego y dijo: «¿Ven esos dos palos? ¡Son las piernas que Diego ahora tiene en lugar de las mías!». Tras esto, Lupe se marchó de la casa como si fuera la gran triunfadora.

83

Frida, en cambio, lo que recuerda de aquella fiesta fue que su esposo bebió más de la cuenta y que con la borrachera empezó a dar tiros y ella, enojada, se marchó a su casa y no volvió con él hasta que Diego no fue a buscarla al cabo de tres días.

Convivencia

A partir de entonces, Frida procuró ser la esposa perfecta para Rivera. Dejó los trajes de hombre y adoptó el mexicanismo como una nueva forma de vivir. Vestía con enaguas, bordados, faldas y vestidos de colores, peinados con cintas y joyas. Concretamente, y a partir de que fue la esposa de Rivera, le gustaba vestir con el traje de las mujeres, como dice la tradición, seguras de sí mismas, de Isthmus de Tehuantepec. Además de gustar a su marido, tenía la ventaja de que la falda larga hasta el suelo disimulaba su defecto corporal, la pierna derecha, más corta y delgada que la izquierda. El atuendo proviene de una región del suroeste de México cuyas tradiciones matriarcales se han conservado hasta el día de hoy, y cuya estructura económica refleja el dominio de la mujer. Y seguramente fue esta circunstancia, lo que llevó a muchas mexicanas intelectuales de la ciudad a ponerse este vestido en los años veinte y treinta. Al contrario que su marido que tenía muchísimo trabajo, ella estuvo un tiempo sin pintar y se dedicó a su esposo. Lo visitaba en el andamio donde trabajaba y le llevaba la comida en cestas con mensajes de adoración. Es curioso pero fue Lupe Marín quién enseñó a Frida a preparar la comida que a Diego le gustaba y a llevársela de este modo tan típico de las campesinas. Para Diego Rivera, «la ropa clásica mexicana ha sido hecha por gente sencilla para gente sencilla», y añade: «Las mexicanas que no quieren ponérsela, no pertenecen a este pueblo, sino que dependen, en sentimiento y espíritu, de una clase extranjera a la que quieren pertenecer, concretamente la clase poderosa de la burocracia americana y francesa».

Diego acabó los murales del Ministerio de Educación y realizó otros para el Ministerio de Sanidad. También recibió el encargo de decorar algunos de los muros del Palacio Nacional a petición del

*La rebeldía de Diego Rivera era una de las características
personales que más apreciaba Frida Kahlo.*

Gobierno. Y, no sólo debía pintar en México, también le pidieron que pintara en el palacio Hernán Cortés de Cuernavaca. Y así fue como, paralelamente al crecimiento de su popularidad como muralista, también crecieron las críticas. Le empezaron a llover las críticas de sus compañeros de partido e incluso de amigos, como lo había sido la fotógrafa Tina Modotti. Y su respuesta fue que aceptó irse del partido. En palabras de Modotti: «Creo que su salida del partido le hará más daño a él que al partido. Lo considerarán como traidor. No hace falta añadir que yo comparto esa opinión y que desde ahora todos mis contactos con él se limitarán a nuestras negociaciones con respecto a la fotografía». Y, quizá sí que le afectó su salida, pues años más tarde Rivera confesó: «No tenía hogar: el partido siempre lo había sido». Aún así, el trabajo no le dejó mucho tiempo para pensar en ello. Le nombraron director de la academia de San Carlos, donde él había trabajado de niño. Y se propuso cambiar el sistema de aprendizaje. La escuela se convirtió en taller y los maestros debían someterse a la evaluación de sus alumnos. Como es lógico no llegó a durar un año en ese puesto.

Para realizar el encargo de Cuernavaca, la pareja se trasladó allí durante casi un año en la casa que había sido del embajador de Estados Unidos y el mismo que le había hecho el encargo. Allí Frida tampoco trabajó mucho, pero paseó por la ciudad y gozaba de buena salud así que se quedó embarazada. Desafortunadamente, Frida sufrió un aborto a los tres meses ya que el feto estaba mal situado debido a su malformación de la pelvis. Y como consecuencia de esto Frida recuperó el temor de la pesadilla que vivió tras el accidente y empezó a sentir que no podría tener hijos nunca.

A pesar de todo, la pareja estaba unida y Diego pedía consejos a su esposa sobre su trabajo y se apoyaba mucho en ella. A veces, cambiaba sus frescos siguiendo los consejos de ella, pero otras veces, no. Como por ejemplo en la ocasión que Frida le fue a ver al andamio y vio como Diego había pintado el caballo del revolucionario Zapata de color blanco. Frida le preguntó: «Pero Diego, ¿cómo puedes pintar el caballo de Zapata blanco?» A lo que Rivera le respondió que él debía pintar cosas bonitas para el pueblo y que lo dejaba blanco. Eso sí, ante las críticas de su mujer acerca de las patas del caballo no tuvo otra opción que dejar a su mujer que hiciera las correcciones que creyera oportunas.

Frida sabía cómo ayudar a su marido sin herirle y cuando éste le pedía su opinión acerca de su obra, ella tenía tacto. Sabía cómo suavizar sus palabras y cambiaba sus críticas por sugerencias o le formulaba preguntas.

En este período Frida pintó un lienzo que está perdido, donde representaba a una mujer indígena desnuda. También son de esta época el retrato que hizo de Lupe Marín y un autorretrato, su tercer autorretrato.

Entre su segundo y su tercer autorretrato Frida ya había experimentado situaciones difíciles. Una de ellas, el aborto, pero otras fueron relacionadas con las infidelidades de su esposo.

VIII. GRINGOLANDIA

La llegada de Diego Rivera y Frida Kahlo a los Estados Unidos se puede contextualizar con la llegada de muchos otros mexicanos que huían de la represión que vino de la mano del gobierno de Plutarco Elías Calles, entre los años 1928 y 1934. Se prohibió el PCM y muchos comunistas fueron encarcelados y eso condujo a una «invasión mexicana» del país vecino.

La pareja llegó a finales de 1930 y su primera ciudad de acogida fue San Francisco donde Rivera tenía dos encargos: uno en el San Francisco Stock Exchange y otro para la California School of Fine Arts (actual San Francisco Arts Institute).

Su estancia allí se prolongó debido al interés norteamericano por el desarrollo cultural de su vecino sureño (el llamado «renacimiento mexicano») además de por las cuestiones políticas antes mencionadas. Se instalaron en casa del escultor Ralph Stackpole, en el antiguo barrio de los artistas, y los primeros meses se ocuparon visitando la ciudad y sus alrededores. Dos pisos por debajo de ellos, vivían el pintor Arnold Blanch y su esposa, Lucile. Ella cuenta que como la pareja no tenía teléfono, usaba el suyo. «Además Frida no se presentaba como artista y era demasiado tímida acerca de sus cuadros para pedirme que los viera. Ambas éramos pintoras, pero no hablábamos de arte. Nos sentíamos como un par de adolescentes. Sus palabras centelleaban: se burlaba de todo y de todos y se reía juguetonamente y quizá con altivez. Se ponía muy crítica cuando pensaba que algo mostraba demasiadas pretensiones, y con frecuencia se mofaba de los habitantes de San Francisco», describía Lucile Blanch.

Sin embargo, Frida exploraba por su cuenta la ciudad, visitaba los museos y deambulaba por el barrio chino. Por lo que explicaba a su amiga de la infancia, Isabel Campos, esa zona le gustaba bastante. «Lo más impresionante es el barrio chino. Los chinos son muy simpáticos y jamás en la vida he visto niños tan hermosos como los suyos. Sí, de veras, son extraordinarios. Me encantaría robarme uno, para que tú misma lo vieras... Tuvo sentido venir acá, porque me abrió los ojos y he conocido un sinnúmero de cosas nuevas y bellas», le escribía a su amiga.

Por otro lado, mucha de la gente que conocía Frida, no era de su agrado. Eso se refleja en varios de sus escritos: «No me caen muy bien los gringos». O, también: «Son aburridos y tienen caras como bolillos sin hornear (particularmente, las ancianas)». Al contrario que Frida, Diego se sentía muy bien en Estados Unidos y disfrutaba de todas las cenas y fiestas a las que acudían. Aún así, Frida, por su carácter y su buen humor, era el centro de atención de muchas de ellas.

En San Francisco, Frida empezó su serie de retratos dobles de sí misma y su marido. Conoció a artistas, clientes y mecenas, entre los cuales se encontraba Albert Bender, quien ya había adquirido algunas obras de Diego Rivera y que le consiguió un permiso de estancia en el país, que le negaba su entrada por haber pertenecido al Partido Comunista. Fue en agradecimiento a esto por lo que Frida pintó *Frieda Kahlo y Diego Rivera*. La representación es de estilo tradicional y se orienta, en forma y estilo, en los retratos mexicanos de los siglos XVIII y XIX. Aunque posiblemente la artista tomara como modelo la única foto de bodas de los dos, la enorme diferencia entre los cónyuges se ve aquí, aún más exagerada. Los pies de Frida apenas tocan el suelo. La artista casi parece flotar, mientras que Rivera está firmemente anclado al suelo con sus enormes pies y piernas. Además a Rivera le pone con la paleta y el pincel en la mano, que le caracterizan como pintor. Diego mira de frente al espectador con una mirada que irradia seguridad en sí mismo, mientras que ella, con la cabeza inclinada hacia un lado casi con timidez y la mano vacilante prendida en la de Rivera, se presenta como la mujer del genial muralista. De hecho, tras haber pasado tiempo tras el caballete, Frida aún no se atrevía a presentarse como pintora ante el público.

La pareja era invitada a numerosas fiestas y Frida por su alegría y su carácter se convertía en el centro de atención con bastante facilidad. En una ocasión, la pareja conoció a Edward Weston, que había sido compañero de Tina Modotti. Según él, Frida se parecía a una muñeca. Weston además recuerda el día del encuentro: «¡ Vi a Diego! Me encontraba de pie junto a un bloque de piedra, del cual me aparté mientras él bajó pesadamente al patio de Ralph en la plaza Jessop. Su abrazo me levantó del suelo. Tomé fotografías de Diego, así como de su nueva esposa. Frida. Contrasta mucho con Lupe. Es chiquita, una muñequita junto a Diego, pero sólo en cuanto al tamaño, porque es fuerte y, bastante hermosa. Casi no se le nota la sangre alemana de su padre. Vestida con un traje nativo, incluyendo huaraches, causa mucha agitación en las calles de San Francisco. La gente se para en seco para mirarla, asombrada. Comimos en un pequeño restaurante italiano en el que se reúnen muchos artistas. Recordamos los días de antaño en México y decidimos juntarnos de nuevo muy pronto, en carmel».

A pesar de estar pasando un buen momento en sus vidas, Frida volvía a sentir dolores en la pierna derecha. Los tendones se le retraían y le costaba andar. Por este motivo se hizo amiga del doctor Leo Eloesser un cirujano torácico, especializado en cirugía osteológica a quién ya había conocido en México. Frida empezó a mantener extensa correspondencia con él y aprovechaba también para hacerle consultas médicas. En agradecimiento a la atención del doctor hacia ella, Frida pintó el *Retrato del Dr. Leo Eloesser*. Lo pintó vestido con un traje severo y una camisa blanca de cuello alto impecablemente almidonada. El modelo está parado rígidamente con una mano apoyada sobre una mesa en la que está colocado el objeto que lo identifica, un velero de juguete llamado *Los tres amigos*. Otro elemento de la representación que lo define es el dibujo, firmado por D. Rivera que cuelga en la pared desnuda, puesto que Eloesser patrocinaba las artes. Su actitud es típica de los retratos de cuerpo entero de hombres que se pintaron durante los siglos XVIII y XIX en México. El mismo doctor

Eloesser habla así en 1968 sobre esta obra: «Frida Kahlo de Rivera lo pintó en mi casa, ubicada en el número 2152 de la Leavenworth, durante la primera visita que realizó el matrimonio a San Francisco... Representa una de sus primeras obras. Con tonos principalmente grises y negros, me muestra de pie, junto a un velero de juguete. Frida nunca había visto un barco de vela. Le pidió a Diego que le dijera cómo es el aparatejo de las velas, pero éste no quiso satisfacer su curiosidad. Le aconsejó pintarlas como ella pensaba que debían ser. Eso fue lo que hizo».

En esta época, y debido a los dolores que volvía a sufrir Frida, empezó a dedicarle más tiempo a la pintura. Se cree que Frida pintó mucho en esta época, igualando casi la cantidad de trabajos de su marido aunque Frida no hablaba mucho de ello. Por ejemplo es de esta época el *Retrato de Eva Frederick*, una amiga suya a la que plasmó mostrando un rostro que transmite bondad e inteligencia. Lo contrario sucede con el *Retrato de Mrs. Jean Wight* con quien no armonizaba tanto y eso se refleja en la obra, pues el estilo resulta más simple y convencional. El cuadro representa a la esposa del asistente de Rivera, sentada delante de una ventana que da a la ciudad de San Francisco. También el *Retrato de Luther Burbank* es de 1931. El retrato representa al horticultor originario de California y conocido por su trabajo en la creación de vegetales y fruta híbridos. Precisamente Frida convierte a Burbank en híbrido, mitad árbol, mitad hombre. Lo empequeñecen las hojas verdes de una planta desarraigada a la que él ha unido o está a punto de unir a otra. Sin embargo, en lugar de plantar un híbrido, es él mismo quien está echando raíces: está parado en un hoyo y sus piernas, vestidas con pantalones color café forman un tronco de árbol. Una clase de visión por rayos X le permite a Frida mostrar la continuación del hombre árbol por debajo de la tierra, donde sus raíces se enredan con un esqueleto humano. Burbank tiene los dos pies, convertidos en un tronco, metidos en la tumba y constituye el primer ejemplo, en la obra de Frida, de la dualidad de la vida y la muerte y la fecundación de la primera por la segunda. Un tema que la artista repetiría con frecuencia. En realidad, *Retrato de Luther Burbank* puede considerarse como el primer indicio de que

Frida Kahlo se convertiría en pintora de fantasías en lugar de retratos sencillos y realistas.

Diego terminó su trabajo en San Francisco no sin provocar cierta agitación con el fresco para la escuela de Bellas Artes de California donde fue visto como una mofa que el muralista se plasmara a él mismo en el fresco de espaldas al observador mostrando su trasero. En realidad se trataba de un mural que reflejaba cómo se trabaja al realizar una obra de este tipo, por lo que representó un andamio donde él y sus asistentes se muestran de espaldas al auditorio trabajando. Se trataba de *La elaboración de un fresco*.

Al finalizarlo fue llamado por el presidente Ortiz Rubio para que volviera a México y acabara el mural que se encontraba incompleto en el Palacio Nacional. Eso era el 8 de junio de 1931. En principio se quedaron en la Casa Azul mientras Diego iniciaba la construcción de su nueva casa gracias al dinero que le habían pagado sus patrocinadores americanos. Se trataba de dos casas unidas por un puente en el barrio de San Ángel de la ciudad de México.

Pero no se quedaron por mucho tiempo en su país. Aunque sí el suficiente para trabar amistad con el cineasta ruso Sergei Eisenstein que estaba rodando la película *¡Qué viva México!* El director de cine alabó la obra de Frida que todavía no se veía como a una artista.

Tras la breve estancia en México, la pareja se trasladó a Nueva York, donde Diego había sido invitado a una exposición retrospectiva de su obra en la ciudad. La llegada a la ciudad trajo a Frida muchos pensamientos acerca de su padre y de su llegada desde Hamburgo. Sintió un poco de temor pero enseguida se dejó llevar aunque tampoco escondía su asco ante algunas de las fiestas que parecían fuera del mundo real y de sus desgracias. Tampoco se mordía la lengua y se divertía lanzando comentarios. No se sentía muy bien allí. Se lo contaba al doctor Eloesser por carta: «Estamos en Nueva York desde hace ocho días. Diego, naturalmente, ya empezó a trabajar y le ha interesado muchísimo la ciudad lo mismo a mí, pero yo como siempre no hago nada sino ver y algunas horas aburrirme. Estos días han estado llenos de invitaciones a casa de gente "bien" y estoy bastante cansada, pero esto pasará pronto y ya podré ir haciendo lo que a mí me dé la gana». Frida hizo pocas amigas en Nueva York, entre ellas Lucienne y Suzanne Bloch, las hijas del compositor suizo Ernest Bloch. Sobre todo se unió mucho a Lucienne que empezó a trabajar al poco tiempo como asistente de Rivera.

En otra carta también dirigida al doctor Eloesser Frida seguía sin sentirse muy bien rodeada de esa gente que iba conociendo la pareja:

La high society de aquí me cae muy gorda y siento un poco de rabia contra todos estos ricachones de aquí, pues he visto a miles de gentes en la más terrible miseria, sin comer y sin tener dónde dormir, ha sido lo que más me ha impresionado de aquí, es espantoso ver a los ricos haciendo de día y de noche parties, mientras se mueren de hambre miles y miles de gentes...

A pesar de que me interesa mucho todo el desarrollo industrial y mecánico de Estados Unidos, encuentro que les falta completamente la sensibilidad y el buen gusto.

Viven como en un enorme gallinero sucio y molesto. Las casas parecen hornos de pan y todo el confort del que hablan es un mito. No sé si estaré equivocada, pero sólo le digo lo que siento.

La exposición tuvo mucho éxito. Atrajo a mucha gente al Museo de Arte Moderno y la crítica aclamó a Diego Rivera. Esto hizo que Frida se sintiera más feliz y hacia al final de su estancia, ya no era la tímida esposa de Rivera sino que llevaba una vida muy activa. Pero allí no se quedaron más que unos meses, pues en abril de 1932 a Rivera le encargaron un fresco bajo el lema de la «industria moderna» para el Detroit Institute of Arts cosa que les hizo marchar hacia Detroit.

IX.   HENRY FORD HOSPITAL

Detroit es una ciudad que marcó mucho la vida de Frida. Diego fue encantado porque representaba el corazón de la industria y la cuna del proletariado del país pero Frida, aunque no desmerecía este hecho, no sentía mucho aprecio por la ciudad. Se instalaron en un apartamento amueblado, un hotel de una sola habitación, pero bien situado. Cuando llevaban unas semanas instalados descubrieron por qué el hotel tenía el lema: «el mejor domicilio de Detroit» y es que el hotel no aceptaba judíos. Indignados Frida y Diego se dispusieron a irse de ahí pero la administración hizo todo lo posible para evitarlo y así consiguieron que quitaran el anuncio y que, además, les bajaran la renta de la habitación.

Diego se puso a trabajar rápidamente en los bocetos y, un mes después de su llegada, la comisión aceptó su propuesta y pudo ponerse manos a la obra. La pareja conoció a los miembros de la comisión para las artes de Detroit y a todos los patrocinadores ricos de la cultura. Pero a todos ellos no acabó de gustar Frida y sus trajes mexicanos les parecían estrafalarios. Para empeorar la situación, Frida escandalizaba con sus comentarios. En un encuentro al que había sido invitada por la hermana de Henry Ford habló extensamente del comunismo y en un círculo de católicos habló sarcásticamente de la Iglesia. Para acabar, al mismísimo Henry Ford, que era conocido por su antisemitismo, le preguntó si él era judío. Frida no quería estar allí, no le gustaba ni la comida y no se escondía de ello, sólo aguantaba por Diego.

(...) Esta ciudad me da la impresión de una aldea antigua y pobre, parece como un poblado, no me gusta nada, le escribía al

95

doctor Eloesser, *pero estoy contenta porque Diego está trabajando muy a gusto aquí y ha encontrado mucho material para sus frescos, que hará en el museo. Está encantado con las fábricas, las máquinas, etc., como un niño con un juguete nuevo. La parte industrial de Detroit es realmente lo más interesante, lo demás es como en todo Estados Unidos, feo y estúpido.*

Una explicación posible a la imagen negativa que Frida sentía por Detroit y su añoranza mexicana, era que estaba embarazada. Al doctor Eloesser le mostró su preocupación tras haber consultado un médico, el doctor Pratt que le dijo que no era peligroso que estuviera embarazada si mantenía reposo y si tenía a su criatura mediante cesárea. El doctor Eloesser apoyó la decisión de su colega y Frida se sintió un poco más aliviada ya que tenía plena confianza en su amigo médico. A esta preocupación por su salud también se debía añadir la negativa de Diego por tener otro hijo. Rivera que ya tenía dos hijos, tenía como prioridad su trabajo y aparte se preocupaba por la salud de su esposa que ya había sufrido un aborto.

Frida cumplió con las recomendaciones de los médicos y guardó reposo pero se sentía sola y aburrida. Así que Diego insistió a Lucienne Bloch, que llegó a Detroit en junio, para que se quedara a vivir con ellos. El calor empezaba a notarse en su departamento. Frida tenía algunas perdidas pero eso no la desanimaba en absoluto. Según Lucienne, Frida «sólo deseaba estar embarazada» y hubiera tenido que hacer más caso a los médicos. En esta época y como veía muy poco a Diego, Frida se puso a pintar el cuadro *Autorretrato en la frontera entre México y los Estados Unidos*. En esta obra se hace evidente la ambivalencia de Frida por Gringolandia. A un lado se ve el mundo mexicano lleno de historia, naturaleza y con un ciclo vital, y, al otro está el mundo norteamericano que se muestra sin vida y dominado por la técnica. Ataviada con un elegante vestido rosa y sosteniendo una banderita mexicana en su mano izquierda, se erige como una estatua sobre un pedestal ante un mundo dividido en dos. Esta obra muestra su actitud más crítica y mordaz. Vestida con lo que debería ponerse

96

para una cena de gala en este país del que quiere huir, sostiene un cigarro en su mano derecha, en desafío al decoro. En el cielo de la obra, quizá por inspiración del eclipse solar, Frida por primera vez representa al sol y a la luna juntos. Esta yuxtaposición representó más adelante uno de los símbolos más característicos de su obra. Encarna la unidad de fuerzas cósmicas y terrestres, el concepto azteca de la guerra eterna entre la luz y la oscuridad, pasado y presente, día y noche, macho y hembra. En cuanto a la parte estadounidense, una bandera nacional flota dentro de una nube de humo industrial y un mundo moderno de rascacielos, sombrías fábricas de ladrillo y maquinaria domina la escena. Todo eso contrasta con la visión que nos presenta Frida del antiguo México agrario. Cuando Frida pinta chimeneas (con la marca Ford), éstas arrojan humo y los rascacielos sin ventanas parecen lápidas. A medio fondo coloca cuatro chimeneas que se asemejan a autómatas y que son la contrapartida de los ídolos precolombinos que se encuentran en el lado mexicano de la frontera. En un primer plano del lado estadounidense, hay tres máquinas redondas, en lugar de plantas. Dos de ellas emiten rayos de luz y energía (por contraste con el resplandeciente sol mexicano). Las tres están arraigadas por medio de cables eléctricos mientras que las flores mexicanas cuentan con raíces.

A pesar de las ansías por tener un hijo, Frida no pudo evitar su pérdida el 4 de julio de 1932. Lucienne contaba en su diario cómo fue todo: «El domingo en la noche, Frieda estaba muy deprimida y perdía mucha sangre. Se acostó y vino el médico, quien le dijo, como siempre, que no era nada y que debía mantenerse en reposo. Durante la noche escuché terribles gritos de desesperación. Como pensé que Diego me llamaría si podía ayudar en algo, sólo dormité y tuve pesadillas. A las cinco, Diego entró de golpe en el cuarto. Estaba todo despeinado y pálido y me pidió llamar al médico, quien llegó a las seis con una ambulancia. Ella estaba sufriendo los atroces dolores del parto. La sacaron del charco de sangre que se había formado y... los enormes coágulos de sangre que seguía perdiendo. Se veía tan chica, como de doce años. Las lágrimas le mojaban la cabellera».

Fueron muchas horas de dolor y también de nervios y preocupación por parte de Diego, que esperaba las noticias del estado de Frida en otra sala del hospital Henry Ford donde la llevaron. En esos momentos Diego reconocía delante de Lucienne Bloch que «una mujer es superior en mucho a un hombre, por aguantar tal dolor. Un hombre nunca podría soportar el dolor de un parto». Frida pasó trece días en el hospital, la mayoría de ellos llorando de desesperación. Ella quería ver a su hijo, quería que los médicos se lo enseñaran o sino que le dejaran libros de medicina para poder ver cómo hubiera sido su hijo y poder plasmarlo en un dibujo. Los médicos se negaron a darle ningún libro de medicina y fue Diego quién le trajo uno. Frida estaba dispuesta a dibujar lo que sentía después de haber perdido a ese hijo tan esperado y además hacerlo siguiendo al máximo la realidad. El resultado de ello fue el cuadro *Henry Ford Hospital*, donde Frida se pinta a sí misma en una cama con el vientre hinchado y un charco de sangre a su alrededor. De su mano surgen seis cordones (que parecen venas) que la unen a distintos elementos. A su feto perdido, a un caracol (símbolo de concepción, embarazo y parto para muchas culturas), a una maqueta médica de la zona pélvica y parte de la columna, a su pelvis, a una máquina y a una orquídea. Y al fondo del cuadro, una ciudad industrial.

La maqueta médica color rosa salmón de la zona pélvica y parte de la columna, que se encuentra al pie de la cama, alude, al igual que el modelo óseo abajo a la derecha, a la causa del aborto: las fracturas de la columna y la pelvis imposibilitan a Frida soportar un embarazo.

En el mismo contexto ha de entenderse la pieza de máquina a la izquierda. El objeto es, posiblemente, parte de un esterilizador de vapor, como los que se utilizaban entonces en los hospitales. Se trata de una pieza mecánica que se utilizaba como tapa de cierre para depósitos de gas o de aire comprimido, sirviendo como regulador de presión. Frida debió encontrar cierta similitud entre este mecanismo de cierre y su propia musculatura que le impedía conservar al niño en su cuerpo.

La orquídea violeta abajo en el centro se la trajo Diego Rivera al hospital, según dijo el propio Diego. Para ella, esta flor era símbolo de sexualidad y sentimiento. Frida se muestra como una desvalida figura, pequeña sobre la gran cama que se pierde en la amplia llanura. De este modo transmite la impresión de soledad y desamparo que, con seguridad, refleja el estado de ánimo de Frida Kahlo tras la pérdida del niño y su convalecencia en el hospital. Esta impresión todavía se agudiza más con la representación del inhóspito paisaje industrial en el horizonte, ante el que la cama de Frida parece flotar.

Por la manera que refleja el episodio vivido, lleno de crueldad y realismo, se puede decir que Frida superó con creces todo lo pintado por ella hasta el momento. Para Diego: «Frida empezó a trabajar en una serie de obras maestras que no tienen precedente en la historia del arte, cuadros que exaltan las cualidades femeninas de la verdad, la realidad, la crueldad y el sufrimiento. Ninguna mujer jamás plasmó en un lienzo la misma poesía agónica que Frida creó durante ese período en Detroit».

Esta manera de extraer objetos con fuerte carga expresiva de su contexto y componerlos según nuevas reglas, guarda paralelismos con los exvotos mexicanos. Pero además también se encuentran similitudes entre la obra de Frida y este tipo de pinturas: por el estilo pictórico, por el tamaño de los cuadros y por el material. Igual que los exvotos también la obra de Frida Kahlo está realizada en óleo sobre metal y es de pequeño formato. Aunque en este caso, el *Henry Ford Hospital* carece de algunos elementos clásicos de los exvotos como la típica inscripción donativa o explicación verbal del suceso, el parentesco con estas obras es claro. Ello se hace evidente sobre todo, como en muchos otros de sus cuadros, en la combinación de hechos biográficos y elementos fantásticos. Al igual que los pintores profanos de los exvotos, Frida Kahlo no pintó su realidad tal como era, sino como la sentía.

Al salir del hospital Frida siguió pintando su aborto, sin embargo, otra mala noticia haría cambiar la dirección de su preocupación y volver a México.

99

El 3 de septiembre recibió un telegrama de México donde le comunicaban el estado crítico de su madre que estaba enferma de cáncer. No pudo establecer conexión telefónica por problemas en la red y tampoco tomar un avión a México, pues ninguno hacía el trayecto Detroit-México. No quedó más remedio entonces que hacer el trayecto en tren y luego tomar un autobús. El estado de salud de Frida no era el más idóneo para un viaje tan largo pero acompañada de Lucienne lo hizo. Hubo momentos de desesperación pues Frida volvía a sangrar y estaba muy débil, además la espera para tomar el autobús se hacía eterna y Frida no podía casi ni andar. Aun así, lograron llegar el 8 de septiembre a México y Frida se arrojó a los brazos de sus hermanas y durmió en casa de Matilde. No aceptaba que le dijeran que ya no había nada que hacer por su madre y lloraba de desesperación. Estuvo a su lado hasta el día de su muerte el 15 de septiembre y entonces Frida se ocupó de arropar a su padre. También se ocupó acompañando a Lucienne a ver cómo iban las obras de San Ángel. Sin embargo no podía soportar la idea de que Diego estuviera solo en Detroit y el 21 de octubre ya estaban de vuelta en los EE.UU.

Diego estaba muy atareado y su salud tampoco era perfecta, había adelgazado. Además ya había recibido otro encargo para pintar un mural en Nueva York en el Rockefeller Center y también para un trabajo sobre el tema «la maquinaria y la industria» para la Feria Mundial de 1933 en Chicago. Sin embargo, Frida sabía que lo mejor que podía hacer por él era trabajar, así que se puso a ello. Y siguiendo la línea de obras que había iniciado con *Henry Ford Hospital,* aunque desafiando la muerte, pintó *Mi nacimiento.* En esta obra se representa con el rostro cubierto por una sábana (como si fuera un cadáver, que alude a la reciente muerte de su madre) dándose a luz a ella misma. La habitación es muy austera, lo único que puede verse es un cuadro colgado en la pared con una *mater dolorosa.*

Y poco a poco Frida consiguió dejar de lado su dolor y reemprender sus actividades como pintora. En la época que se encontraba pintando un autorretrato donde se la veía más madura y dispuesta a disfrutar de la vida, se publicó en el *Detroit News* una columna sobre ella donde se destacaba su obra. El artículo decía lo siguiente:

Carmen Frieda Kahlo Rivera (...) es una pintora por derecho propio, aunque muy poca gente lo sepa. «No», explica, «no estudié con Diego. No estudié con nadie. Simplemente empecé a pintar». Entonces aparece cierto brillo en sus ojos. «Por supuesto, Diego lo hace bastante bien, considerando que es un niño», aclara, «pero soy yo la gran artista». El brillo de ambos ojos negros estalla y se convierte en una carcajada; y eso es todo lo que se puede sacar de ella. Cuando se adopta una actitud seria, ella se burla y vuelve a reírse. No obstante, la obra de la señora de Rivera de ningún modo constituye una broma (...)

Las críticas empezaban a envolver el trabajo de Diego. De vuelta a Nueva York se puso manos a la obra en el mural para el centro Rockefeller y Frida se sintió un poco como en casa. No tenía ganas de trabajar, sólo de pasárselo bien después de haber pasado un episodio tan triste de su vida. Recuperó sus amistades.

¡Salíamos juntos y nos divertíamos mucho, hacíamos locuras! Teníamos la costumbre de ir a un restaurante italiano de la calle Catorce, en un sótano. Las mesas tenían manteles blancos y, para darle un ejemplo, le echábamos azúcar, yo hacía un dibujo que pasaba a Diego a la otra punta de la mesa, él añadía algo, y así sucesivamente. Se trataba de verdaderas composiciones, in situ. Volcábamos un poco de vino u otra cosa, luego pimienta... y cuando nos íbamos, el mantel se había convertido en un auténtico paisaje, explica Louise Nevelson.

Aún así, Frida empezó a pintar *Allá cuelga mi vestido*. Un *collage* (el único de la artista) repleto de símbolos de la vida norteamericana y de la sociedad industrial y su decadencia, así como la destrucción de los valores sociales. Surgió fruto de una discusión con Diego donde Frida opinaba que ya habían pasado suficiente tiempo en los Estados Unidos y su marido no tenía ningunas ganas de volver a México. En la composición se veían edificios típicamente americanos, la estatua de George Washington, chimeneas de fábricas, la estatua de la libertad, un templo griego, la actriz Mae West, algún edificio en llamas, una masa de trabajadores y el vestido de Frida que cuelga en medio del cuadro pero sin su dueña.

Es una obra totalmente opuesta a la obra en la que trabajaba Diego donde afirmaba el progreso industrial. Sin embargo ese mural trajo a Rivera un aluvión de críticas tanto por el color rojo dominante como por la representación de Lenin. Rockefeller pidió algunas modificaciones a Rivera y éste no quiso llevarlas a cabo cosa que el multimillonario solucionó finalmente mandando cubrir el trabajo de Rivera para luego borrarlo. Este episodio provocó muchas manifestaciones a favor del muralista y el apoyo de Frida, aunque también hizo que se anulara el contrato que Diego tenía con Chicago.

A pesar de esta situación Diego se resistía a volver a México e hizo algunos pequeños murales para la sección trotskista de Nueva York. Finalmente, la pareja abandonó Estados Unidos. Frida, a pesar de las ganas que tenía por volver a su casa, reconocía los buenos momentos pasados en esa ciudad. También recordaba las idas y venidas de su marido. Mantuvo una relación con Louise Nevelson aunque Frida se consolaba pensando que al menos no se había ido con la primera que pasaba por delante suyo y que Louise, por lo menos, era una mujer fantástica.

Frida y Diego darían la bienvenida a 1934 en su nueva casa de San Ángel, aunque ése no iba a ser el mejor año de Frida.

X.   UNOS CUANTOS PIQUETITOS

El hogar de San Ángel estaba formado por dos casas cúbicas unidas por un puente. La de Diego, que era más grande, la pintaron de color rosa y la de Frida, más pequeña, era azul. Ambas estaban rodeadas por un muro de cactus. En México se decía que la casa grande era el hogar de un hombre y que cuando hablaban de una casa chica se referían a la casa que un hombre pone para su amante.

Allí Frida atareada con la nueva casa debería haber sido feliz, pero no fue así. Diego no estaba contento de haber regresado y le echaba las culpas a Frida de haberlo hecho. Es normal entonces que Frida no tuviera una época muy productiva en cuanto a obras. En 1934 Frida no pintó un solo cuadro y al siguiente año pintó *Unos cuantos piquetitos*, una obra que se enmarca dentro de una información que surgió en los periódicos sobre un hombre que había matado a su mujer y que cuando fue acusado ante los jueces dijo que él sólo le había dado unos cuantos piquetitos. La obra es bastante sangrienta y muestra a una mujer que yace desnuda y muerta en la cama después de que su marido que se encuentra de pie al lado de la cama la acuchillara numerosas veces. El marido aún sostiene el cuchillo y toda la escena está salpicada de sangre. Hasta el marco de la obra tiene manchas de sangre. El observador tiene la extraña sensación de ser él que ha cometido el crimen.

Y lo que se esconde detrás de este desgarrador cuadro es el interior de Frida que se encuentra también desgarrado. En esa época Diego mantuvo una relación, nada más y nada menos, que con Cristina, la hermana pequeña de la artista. Frida simpatizaba con la mujer de la obra pues ella también se siente asesinada por la vida. Cuando descubrió el romance que mantenían Diego y Cristina, se cortó el pelo y dejó de vestir como una tehuana. Pero en lugar de transmitir abiertamente sus sentimientos, Frida los plasmó en esta obra tan cruda.

Diego no se encontraba muy bien de salud pero el estado de Frida todavía era peor. Había tenido que ser ingresada en el hospital al menos tres veces durante 1934. Se le extirpó el apéndice, tuvo otro aborto a los tres meses de estar embarazada y además empeoró el estado de su pie. Tuvo que ser operada de éste por primera vez y la recuperación duró un período de tiempo bastante largo. Hay que añadir que además Frida no disponía de mucho dinero teniendo en cuenta que no había producido muchas obras desde hacía tiempo.

Cabe decir que Frida estaba muy unida a Cristina que fue su apoyo durante mucho tiempo y ésta pasaba muchas horas en casa de Diego y Frida. Las dos hermanas tenían una buena relación pero eran de personalidad opuesta. Mientras Frida siempre había sido la artista con talento e inteligencia, Cristina destacaba por sus armas de seducción y por tener el don de la maternidad que tanto ansiaba Frida. El mismo Rivera la representó como una mujer de gran atracción sexual. Para acabar de contextualizar la situación que vivía la pareja cuando sucedió el romance entre Cristina y Diego cabe explicar que los médicos le dijeron a Frida que no mantuviera relaciones sexuales después del aborto. Sin duda alguna, ninguna de estas explicaciones conforman un argumento suficiente como para exculpar a Diego de su poco tacto y, hasta de su crueldad, al tener una amante y que además ésta fuera la hermana de Frida. Lo cierto es que Diego mismo admite que cuanto más ha querido a una mujer más daño le ha hecho y que en ese aspecto Frida tuvo que sufrir y mucho durante su matrimonio.

Al doctor Eloesser por esa época le explicaba cómo se sentía:

He sufrido tanto en estos meses que va a ser difícil que en poco tiempo me sienta enteramente bien, pero he puesto todo lo que está de mi parte para ya olvidar lo que pasó entre Diego y yo y vivir de nuevo como antes. No creo que lo logre yo completamente, hay cosas que son más fuertes que la voluntad de uno, pero ya no podía seguir en el estado de tristeza tan grande como estaba porque iba yo a grandes pasos a una neurastenia de esas tan chocantes con las que las mujeres se vuelven idiotas y antipáticas, y estoy siquiera contenta de ver que pude controlar este estado de semidiotez en el que estaba ya.

Es necesario, ante tantas habladurías como el matrimonio Rivera ha suscitado, destacar que la sobrina de Frida, Cristina Kahlo, nieta de Cristina, quiere dar a luz algunas verdades que se exageran en todos los libros que se hacen de Frida en relación a la aventura que su abuela y Diego Rivera mantuvieron. Cristina hace unas declaraciones al respecto en una entrevista realizada por *La tercera Mujer*, el 11 de mayo de 2002.

No puedo negar el romance que mi abuela sostuvo con Diego, pero han comenzado a aparecer publicaciones en las que se entrega una imagen equivocada tanto de Frida como de ella. Allí lo que se quiere transmitir es que la relación que tuvo Cristina Kahlo con Diego fue muy extensa y eso no es cierto. Sí hubo una relación, que aparece en las cartas que Frida le envía a Ella Wolf. Pero ellas se reconcilian muy rápido. Lo que hoy yo creo fue que se trató de un resbalón circunstancial, pero como a la gente le encanta el morbo, y ya Frida se les agotó, ahora tratan de agrandar esta parte de la historia.

En esa misma entrevista la sobrina de Frida también quiere dejar claro que, a pesar de lo que sufrió Frida, a consecuencia de las enfermedades y el accidente que padeció, su tía era alegre.

Frida era chispeante, pero quizás se ganó una imagen distinta debido a su pintura. Sus cuadros hablan de profundos sentimientos que no eran habituales en el arte de esa época, que era más costumbrista. A los artistas de esos años se les llamaba «al aire libre», ya que capturaban paisajes o indígenas en su obra. De hecho, Diego Rivera pintaba esos conceptos. En cambio, Frida era mucho más introspectiva. Pero en su vida diaria, mi padre contaba que le gustaba cantar, tomar tequila, burlarse de sus amigos. Ella se reía muchísimo, pero creo que otro motivo por lo que el mundo piensa que fue una mujer triste fue porque no existen fotos de ella riéndose. Y la razón es que tenía pésima dentadura, por eso en las fotografías escondía su sonrisa. Pero los Kahlo-Rivera eran muy fiesteros, constantemente tenían invitados a comer, el sábado a tomar la copa y etcétera. Una mujer que no tuviera un carácter agradable no habría generado eso.

Más adelante Frida optó por apoyarse en su pintura, su trabajo, para superar esta crisis. Sin embargo, también decidió separarse de Diego e irse a un apartamento en el centro de México. Su único compañero fue su mono araña. Ésta fue la primera separación de muchas aunque en realidad se veían constantemente. De todos modos, Frida estaba muy afectada, trataba de hacerse la alegre con sus amistades pero no era fácil. En verano decidió poner aún más distancia con Diego y tomó un vuelo a Nueva York con dos amigas suyas: Anita Brenner y Mary Schapiro. Y de hecho fue una aventura para todas ellas pues el viaje lo hicieron en un avión privado gracias a que habían conocido la noche anterior a un piloto. El viaje último hasta Manhattan lo hicieron en tren pues consideraban que ya había sido suficiente aventura. Allí Frida se alojó junto con Mary (que se había separado de su esposo hacía poco) en el hotel Holly. Sin embargo, era más fuerte el amor que sentía por Diego que el rencor que le tenía y decidió apostar por un matrimonio de «independencia mutua», como muestra esta carta de Frida a Diego.

Ahora sé que todas esas cartas, aventuras con mujeres, maestras de «inglés», modelos gitanas, asistentes con «buenas intenciones», «emisarias plenipotenciarias de sitios lejanos», sólo constituyen flirteos. En el fondo, tú y yo nos queremos muchísimo, por lo cual soportamos un sinnúmero de aventuras, golpes sobre puertas, imprecaciones, insultos y reclamaciones internacionales, pero siempre nos amaremos...

Se han repetido todas estas cosas a través de los siete años que llevamos viviendo juntos, y todos los corajes que he hecho sólo han servido para hacerme comprender, por fin, que te quiero más que a mi propio pellejo y que tu sientes algo por mí, aunque no me quieras en la misma forma. ¿No es cierto?... Espero que eso siempre sea así y estaré contenta.

Ciertamente Frida era una mujer fuerte y valerosa que sabía hacer frente a los problemas. Para ella, y ya se había visto con su predilección por los grabados de José Guadalupe Posada y su obra *Unos cuantos piquetitos*, la risa era muy importante. «Nada es más valioso que la risa. Se requiere de fuerza para reír y abandonarse a uno, para ser ligera. La tragedia es de lo más ridículo», había dicho Frida en alguna ocasión.

A finales de 1935 Frida volvió a México, a la casa de San Ángel. Este regreso no significaba sin embargo que Diego fuera a dejar de mantener relaciones extramatrimoniales, aunque esta vez Frida lo sabía y decidió jugar al mismo juego de su esposo. Decisión que se refleja en la aventura, no detallada, pero sí plasmada en esta carta al muralista Ignacio Aguirre de agosto de 1935. Por lo que dice la carta ésta fue una de las tantas que se escribieron aunque se desconozca realmente el peso que tuvo esta relación para Frida.

Como tesoro guardé tu carta
Tu voz me dio la más limpia alegría —no sabía qué hacer— y me puse a escribirte esta carta que no te sabrá decir, con mis palabras, todo lo que quisiera —¡todo lo que tú mereces por darme tanto! —tu belleza —tus manos —tú. Quisiera ser tan bonita para ti! Quisiera darte todo lo que nunca hubieras tenido, y ni así sabrías la maravilla que es poder quererte. Esperaré todos los minutos para verte. Espérame a las seis y cuarto del miércoles abajo, en el zahúan grande de tu casa, porque creo que es más fácil. Háblame mañana a las seis de la tarde, quiero nada más oírte aunque sea un minuto. Si me hablas te juntaré florecitas chiquitas y te las llevaré el miércoles, pero si no me hablas, de todas maneras te las llevaré —

*tantas que puedan hacer un jardincito en tu pecho— color de
tierra húmeda.*

*Las ranas siguen cantando para nosotros —y nuestro río
espera— el pueblo casto mira a la osa mayor —y yo— te adoro.*

Ese año también conoció al escultor Isamu Noguchi que estaba
en México con la ayuda de una beca Guggenheim y que además
esperaba poder realizar un mural en relieve en Ciudad de México.
Siendo tan reducido el mundo artístico de México, Frida y Isamu se
conocieron y éste quedó encantado con la esposa de Rivera. «Era un
persona extraordinaria, maravillosa. En vista de que se sabía muy
bien que Diego era mujeriego, no se puede culpar a Frida por andar
con hombres... En esos días todos éramos más o menos activos en
ese sentido, incluyendo a Diego y Frida. Sin embargo, él no lo tole-
raba por completo. Yo solía tener citas con ella en diferentes partes.
Un lugar era la casa de su hermana Cristina, la Casa Azul de
Coyoacán», explica el escultor.

Los amantes estuvieron muy cerca de alquilar un apartamento
juntos, hasta llegaron a comprar algunos muebles. Pero, algunas
lenguas dicen que el transportista pensó que los muebles eran para
Frida y Diego y le pasó la factura al muralista. Como consecuencia de este error Isamu y Frida terminaron su idilio. Otra gente
piensa que Diego pilló por sorpresa a la pareja mientras mantenía
relaciones en su propia casa y que Rivera, como ya tenía por costumbre, tomó su pistola y amenazó al escultor con matarle.

La verdad es que Diego se las daba de liberal y actuaba como
tal, pero cuando se trataba de su esposa no soportaba que mantuviera relaciones con otros hombres. Eso sí, no le disgustaba que
Frida tuviera relaciones bisexuales e incluso se dice que la animaba a tenerlas.

Recuerdo

Aunque Frida puso distancia entre Diego y ella, no pudo olvidar el suceso con su hermana y sus infidelidades con otras muje-

res, muestra de ello es que pasado el tiempo sus retratos volvían a la misma temática. *Recuerdo*, de 1937, y *Recuerdo de la herida abierta*, de 1938, dejan bien claro que Frida no olvida fácilmente. En estas obras utiliza los daños físicos para simbolizar sus daños psíquicos. En el primero de ellos, Frida parece mostrar su transición de niña a mujer. Aparece con el pelo corto y ropa que no es mexicana. A un costado tiene el uniforme de colegiala y al otro un traje de tehuana. Ambos están conectados a ella por cintas rojas, posiblemente venas, y cuelgan de ganchos del mismo color, suspendidos del cielo por cintas. Cada uno de ellos tiene un brazo tieso que parece de muñeca y la figura central, que es la artista, es manca y, por lo tanto, desamparada. Un pie vendado indica la operación que le realizaron a Frida en 1934, precisamente cuando Diego y Cristina tuvieron su aventura. Está acomodado de tal manera que parece un barco y se apoya en el mar, mientras el otro pie se sostiene en la costa. También es probable que con el mar quiera simbolizar el mar de lágrimas puesto que ella está llorando. Su corazón ha sido atravesado por una flecha y yace en la arena desangrándose. Frida refleja a la perfección y de la manera más clara y sencilla que su corazón está roto.

Al año siguiente, Frida realizó el autorretrato *Recuerdo de la herida abierta*. Pese a que también la sangre es la gran protagonista de la obra, la actitud de la artista es diferente. Hay algo de humor en el cuadro, como ya pasaba en *Unos cuantos piquetitos*. La posición de Frida parece más descarada. Está sentada con las piernas abiertas y levanta el volante blanco de la falda con el fin de mostrar dos heridas: el pie vendado, apoyado en un banco, y un largo corte en la parte interior del muslo. La herida abierta, que Frida inventó, deja caer gotas de sangre sobre las enaguas blancas. Según cuentan, la misma artista dijo que tiene la mano en su sexo puesto que se está masturbando, también se puede pensar que la herida alude a los órganos genitales, es decir, que es una herida sexual y que puede referirse al accidente que tuvo en la adolescencia cuando una barra de metal le atravesó la vagina y la pelvis.

XI. AUTORRETRATO DEDICADO A LEÓN TROTSKI O BETWEEN THE COURTAINS

Dedico este retrato a León Trotski con todo mi amor, el 7 de noviembre de1937. Frida Kahlo en San Ángel, México.

La fecha de esta dedicatoria coincide con el aniversario de León Trotski y también con el aniversario de la Revolución Rusa. Frida y Trotski mantuvieron una relación amorosa durante la estancia de éste y de su mujer en la Casa Azul de Coyoacán. Y cuando esta aventura hubo terminado y la pareja ya no vivía en casa de los Rivera, Frida le regaló este autorretrato.

En 1936 Frida volvió a su actividad política coincidiendo con el inicio de la Guerra Civil Española. Ella hubiera querido ir a España como le decía al doctor Eloesser: «...lo que tendría ganas de hacer es irme a España, pues creo que ahora es el centro de lo más interesante que pueda suceder en el mundo (...) ha sido de lo más entusiasta que ha habido la acogida que todas las organizaciones obreras de México han tenido para este grupo de jóvenes milicianos. Se ha logrado que muchos de ellos voten un día de salario para la ayuda de los compañeros españoles (...)» y es que Frida fundó un comité de solidaridad para apoyar a los republicanos.

Además de darle fuerza, esta actividad política la unió más a Diego, que la necesitaba sobre todo porque no se encontraba en un buen estado de salud. Entre 1936 y 1937 pasó varias semanas en el hospital con problemas oculares y renales. Cabe decir que Frida por ahora no se sentía mal pero que en 1936 había sido operada por tercera vez de su pie. Rivera simpatizaba con la causa

111

trotskista y junto con Frida se manifestó a favor de que Trotski y su esposa tuvieran asilo político en México. La pareja había estado refugiada en Francia, Noruega y Turquía desde que en 1929 Stalin los echara de la Unión Soviética. Ahora México les abría las puertas y la pareja formada por Frida y Diego les acogería en su casa.

En enero de 1937 León y Natalia Trotski llegaron a México. Muchos camaradas fueron a recibirlos pero Natalia atemorizada ante un posible ataque estalinista no se atrevía a bajar del barco. Al final se formó un círculo de seguridad a su alrededor y llegaron a la casa de Coyoacán donde iban a instalarse. El padre de Frida, que ya no vivía allí pues se alojaba con una de sus hijas, pidió explicaciones a su hija tras ver cómo la que había sido su casa se convertía casi en un zulo tras transformarla en lo más segura posible para los exiliados. Pero al saber que era un político cuya vida corría peligro no hizo más que decir que «durante la vida, la voluntad del hombre no es libre».

Cabe decir que el presidente Lázaro Cárdenas habló con Diego Rivera sobre el tema y aprobó la solicitud de asilo como una muestra más de que se esforzaba por lograr una situación democrática en México.

Dentro de la organización que se creó en la casa: cada día se organizaba un programa para cada miembro: el secretario de Trotski, Jean van Heijenoort, la mecanógrafa y un grupo de camaradas, la pareja que les acogía en su casa tenía ciertos privilegios con ellos a pesar de las diferencias de personalidad entre cada uno. Trotski era un hombre acostumbrado a la lucha, inteligente y de personalidad dura que vivió con Natalia en un mundo cerrado y que, por consiguiente, era poco amigo de las superficialidades. En cambio, Diego era un artista, y como tal, actuaba de modo anárquico e impulsivo. Sin embargo, la naturalidad y la generosidad que había demostrado hacia Trotski no era algo que León Davidovitch pasase por alto. Frida obtuvo un trato especial de Trotski. A su manera la artista también había tenido una vida difícil. Y ambas personalidades conectaron.

Frida Kahlo, Natalia Sedowa y Leon Trotski después de la llegada a Tampico el 9 de enero de 1937.

Trotski no había tenido muchas oportunidades para coquetear con mujeres y su carácter cambiaba delante de ellas. Sin embargo, no era hábil en su conquista, no era romántico; más bien un poco brusco. Para Frida, Trotski era un héroe revolucionario, le puso el apodo de «Piochitas» y se refería a él como «el viejo», pero le atraía su carácter y brillantez intelectual. Además, tener una aventura con el amigo de su esposo suponía una buena venganza.

Frida en ese momento tenía 29 años y no debía desplegar grandes dotes seductoras para atraer a Trotski. Tenía el aspecto que reflejan sus autorretratos: *Fulang-Chang y yo*, o también, *Escuincle y yo*.

Entre ellos hablaban en inglés, idioma que Natalia no entendía, y Frida, según el secretario de Trotski, no se escondía de llamar «amor» a León o de despedirse de él con un «todo mi amor».

Con la seguridad que envolvía a Trotski no era fácil mantener esa relación. Trotski le escribía notas que le hacía llegar a Frida mediante los libros y la pareja se encontraba en muchas ocasiones en la casa de Cristina. La esposa del ruso empezó a sospechar algo y se puso celosa y el equipo de Trotski tenía miedo que se descubriera la aventura, cosa que le desacreditaría mucho.

El 7 de julio León se marchó a una finca situada a 130 kilómetros de la Ciudad de México y Frida fue a verlo. Cosa que a Natalia la molestó aún más. Sin embargo, ese encuentro pudo ser el momento en el cuál los amantes rompieron su relación. En realidad Frida no le amaba y ambos sabían que continuar con aquella historia era una locura.

Cuando Trotski regresó a Coyoacán entre él y Frida no había más que amistad, con mucha confianza, pero ahora ya sólo amistad. Diego parecía no haberse enterado de nada pero Natalia y Frida mantenían una relación muy fría. Trotski que temía que se supiera el romance pidió a Frida que le devolviera sus cartas y ella no puso ningún obstáculo. Sin embargo, para su cumpleaños, Frida le obsequió con el retrato que abre este capítulo. Al año siguiente de este regalo, André Breton, que lo había visto colgado en la pared del estudio de Trotski, adivinaba en él a una Frida segura de sí misma y de su capacidad de seducción, parecían quedar atrás

114

los malos momentos pasados por culpa de Diego. Según Breton, Frida se representa como «una joven mujer dotada de todos los poderes de seducción y acostumbrada a la compañía de hombres geniales».

De este tipo de autorretratos de Frida, André Breton añadía lo siguiente:

No existe obra de arte que sea más marcadamente femenina, en el sentido de que, para ser tan seductora como sea posible, esté dispuesta, de manera total, a alternar entre el juego de ser absolutamente pura o absolutamente malvada. El arte de Frida Kahlo es como una cinta que envuelve una bomba.

Casualmente, el autor de todas estas palabras de la obra de Frida vino ese mismo año a México. Llegaba acompañado por su mujer, Jacqueline Lamba, en abril de 1938 para quedarse por unos meses en el país. El Ministerio de Asuntos Exteriores francés le había confiado a él una serie de conferencias en el país que consideraban la esencia del surrealismo. Además anhelaba poder tener un encuentro con Trotski, cuya ideología compartía, y, al mismo tiempo, conocería a Frida, a la que consideraba también una pintora surrealista.

Primero se instalaron en casa de Lupe Marín y luego vivieron en San Ángel. Tuvieron una buena acogida, él tenía mucha reputación y, ella, también era pintora. Sin embargo, Frida enseguida notó que Breton era demasiado teórico y que ella no quería hablar de su obra en términos teóricos. Hay que añadir también que Frida veía a Breton un poco arrogante para su gusto. Aunque cabe decir que el francés le propuso una exposición en París y que gracias también a él tuvo su primera exposición en el extranjero. La primera exposición iba a ser en la galería de Julian Levy, en Manhattan, que se había interesado por exponer obras de Frida y había contactado con ella por carta. Frida le envió algunas fotografías de sus obras y, con modestia, aceptó la invitación aun sin saber qué es lo que la gente veía en sus cuadros.

Durante el tiempo que estuvo Breton en México, las tres parejas: Breton y su esposa, Diego y Frida, y, Trotski y Natalia, hacían excursiones por los alrededores de México. De las pirámides a los templos de Teotihuacan, del Desierto de los Leones en Toluca a Taxco y Cuernavaca, las tres parejas, junto con unos cuantos camaradas, hicieron varias visitas y charlaban animadamente de política, arte y del México precolombino. Breton estaba maravillado con todo lo que veía y Trotski aliviado de poder salir de su refugio. Además, entre ambos, surgió la idea de crear una Federación internacional de artistas revolucionarios independientes, con un manifiesto que lo apoyase. La redacción de este manifiesto correría a cargo de Breton y aunque sus ideas divergían en muchos aspectos, los dos disfrutaban de sus discusiones.

Breton acabó la redacción del manifiesto y poco tiempo después él y su esposa marcharon a Francia. Frida entonces se puso a trabajar para la exposición de Nueva York. Para la primera muestra del arte de Frida, André Breton escribió un ensayo acerca del trabajo de Kahlo.

Mi asombro y regocijo no conocían límites cuando descubrí, al llegar a México, que su obra había florecido, produciendo en los últimos cuadros un surrealismo puro, y eso a pesar del hecho de que todo fue concebido sin tener conocimientos anteriores de las ideas que motivaron las actividades de mis amigos y mías. Sin embargo, en este momento preciso en el desarrollo de la pintura mexicana, que desde principios del siglo XIX se ha mantenido aparte, en gran medida, de la influencia extranjera y ligada profundamente a los propios recursos, presencié aquí, del otro lado de la tierra, el derramamiento espontáneo de nuestro propio espíritu interrogativo: ¿a qué leyes irracionales obedecemos?, ¿qué señales subjetivas nos permiten distinguir el camino indicado en el momento que sea?, ¿qué símbolos y mitos prevalecen en cierta coincidencia de objetos o sarta de acontecimientos?, ¿qué significado puede atribuirse a la capacidad que tiene el ojo de pasar de la fuerza ocular a la visionaria...?

Este arte aún contiene esa gota de crueldad y de humor singularmente capaz de mezclar los raros poderes eficaces que en conjunto forman la poción secreta de México. La facultad de la

inspiración es nutrida aquí por el éxtasis extraño de la pubertad
y los misterios de las generaciones. Lejos de considerar que estos
sentimientos componen terrenos vedados de la mente, así como
sucede en las zonas de clima más frío, ella (Frida) los expone
orgullosamente, con una mezcla de franqueza e insolencia a la
vez (...)

A pesar de Frida, en este ensayo Breton insiste en lo surrealista que hay en el arte de ella. No obstante, Frida marchó a Nueva York con ánimos y cierta independencia; de hecho, a algunos amigos les decía que era libre, pues ya no estaba con Diego. Y ciertamente actuó como si no estuviera unida a él. Flirteó, se enamoró y partió algún que otro corazón en esa etapa.

Una de las personas que quedaron eclipsadas por la personalidad de Frida fue el mismo Julien Levy.

Sin embargo, Rivera en esta ocasión la ayudó mucho y la aconsejó a muchos de sus conocidos. Por ejemplo escribió a Sam A Lewisohn para que fuera a ver la exposición de Frida: *Te la reco-miendo, no como esposo, sino como admirador entusiasta de su obra ácida y tierna, dura como acero y delicada y fina como el ala de una mariposa, adorable como una sonrisa hermosa y profunda y cruel, como la amargura de la vida.*

La inauguración fue el 1 de noviembre de 1938 y la coletilla que acompañó al nombre de Frida Kahlo fue pintora por derecho propio. Frida ese día vistió con su traje mexicano que combinaba a la perfección con sus cuadros enmarcados con un estilo folcló-rico. Eran un total de 25 obras, de las cuales la mitad se vendieron gracias a la exposición. La prensa quedó asombrada con la obra de Frida. Fue un muy buen impulso para su carrera.

Por su parte Levy se ocupó de Frida y la llevó a muchos sitios. En ocasiones Frida se encontraba muy débil y debía parar el ritmo que Levy le quería hacer llevar. Su salud no era de hierro y caminar le costaba. Su pie derecho seguía causándole problemas; le salieron verrugas en la planta del pie y todavía le dolía la espalda. Al terminar la exposición estuvo enferma de gravedad y visitó a varios médicos, ortopédicos y especialistas. Al final, fue el esposo de Anita Brenner, el doctor David Glusker, muy amigo también de Frida, quien logró sanar la úlcera trófica que sufrió durante años en el pie. Aún así Frida no se privaba de la libertad que sentía al estar lejos de Diego.

Levy en una ocasión la llevó a Pensilvania para visitar a un amigo, Edgar Kaufmann, quién compró el cuadro *Recuerdo de la herida abierta* y que además quería patrocinar a Frida. En esa visita Frida flirteó con los dos hombres hasta el punto que ambos pensaron que podrían conseguir pasar la noche con ella. Anecdóticamente, los dos se descubrieron yendo a la habitación de Frida y se retiraron a sus habitaciones. Sin embargo, Frida había elegido por su cuenta que iba a pasar con Levy la noche y éste la encontró en su habitación.

Pero ése no fue un romance muy apasionado ni comentado por ninguno de los dos involucrados. En esa época el que sí que ocupó un lugar especial en el corazón de Frida fue el fotógrafo Nickolas Muray. Ambos se habían conocido en México, pero fue en Nueva York cuando fructificaron los sentimientos. Muray era de ascendencia húngara y había llegado a Estados Unidos con las manos vacías en 1913. Sin embargo, a finales de los años veinte Muray ya se había convertido en uno de los fotógrafos de más éxito en ese país. Muray ayudó a Frida a preparar la exposición, le hizo las fotos de sus cuadros, y la ayudó en el embarque y desembarque de éstos. Entre ellos hubo una relación inconstante, pues en sus cartas se dejaba constancia de ello, pero también profunda a juzgar por los sentimientos que se profesaban en sus escritos. En una de ellas Frida le decía lo siguiente:

(...) *tu telegrama llegó esta mañana y lloré mucho, de felicidad y porque te extraño, con todo mi corazón y sangre. Recibí tu carta ayer, mi cielo, es tan hermosa y tan tierna que no encuentro palabras que te comuniquen la alegría que sentí. Te adoro, mi amor, créeme; nunca he querido a nadie de este modo, jamás, sólo Diego está tan cerca de mi corazón como tú (...) Extraño cada movimiento de tu ser, tu voz, tus ojos, tu hermosa boca, tu risa tan clara y sincera. A ti. Te amo, mi Nick. Estoy tan feliz por que te amo, por la idea de que me esperas, de que me amas.*

Mientras tanto, Rivera y Kahlo seguían manteniendo correspondencia y por mucho que Frida se sintiera muy feliz con Nickolas, no olvidaba a Diego. Además éste la animaba a ir a París cuando ella tenía dudas por motivos de su salud y por dejar solo a Diego. Al final de una de las cartas le decía Diego a Frida:

No seas ridícula: no quiero que por mí pierdas la oportunidad de ir a París. TOMA DE LA VIDA TODO LO QUE TE DÉ, SEA LO QUE SEA, SIEMPRE QUE TE INTERESE Y TE PUEDA DAR CIERTO PLACER. Cuando se envejece, se sabe qué significa el haber perdido lo que se ofreció cuando uno no tenía suficientes conocimientos como para aprovecharlos. Si de veras quieres hacerme feliz, debes saber que nada me puede dar más gusto que la seguridad de que tú lo eres. Y tú, mi chiquita, mereces todo (...) No los culpo porque les guste Frida, porque a mí también me gusta, más que cualquier otra cosa (...)

Sin duda alguna es una de las muestras de amor y ternura más bonitas que Diego le podía dar a Frida. Y es posible que la respuesta a esta carta fuera un escrito que Frida escribió el día del cumpleaños de Diego, a quién se dirige como «Niño mío... de la gran ocultadora»:

*Son las seis de la mañana
Y los guajolotes cantan,
Calor de humana ternura
Soledad acompañada
Jamás en toda la vida
Olvidaré tu presencia
Me acogiste destrozada
Y me devolviste entera
Sobre esta pequeña tierra
¿dónde pondré la mirada?*

¡Tan inmensa, tan profunda!
Ya no hay tiempo, ya no hay nada.
Distancia. Hay ya sólo realidad
¡Lo que fue, fue para siempre!
Lo que son las raíces
Que se asoman transparentes
Transformadas
En el árbol frutal eterno
Tus frutas dan sus aromas
Tus flores dan su color
Creciendo con la alegría
de los vientos y la flor
No dejes que le dé sed
Al árbol del que eres sol,
Que atesoró tu semilla
Es «Diego» nombre de amor.

Lo que el agua me dio

1937 y 1938 fueron los años más productivos de Frida. Pero además de la cantidad de cuadros que la artista pintó, en ellos se puede apreciar que Frida se volvió más experta en la adaptación de su arte a la personalidad que estaba desarrollando. Algunas de las obras de este período reflejan lo mucho que la entristecía el no poder tener hijos y su insistencia, que no se agotaba nunca. *Mi nana y yo, El difuntito Dimas, Cuatro habitantes de México, Piden aeroplanos y les dan alas de petate, Niña con máscara de muerte,* o *Yo y mi muñeca.* Otra de las obras representativas de esta época es la llamada *Lo que vi en el agua* o *Lo que el agua me dio.* En ella se encuentran muchos elementos característicos de otras obras de la artista, incluso idénticos a otras de sus obras y símbolos que muestran sus influencias. En realidad sucede que la obra recoge muchos de los acontecimientos que han pasado en la vida de Frida, por este motivo se encuentran fragmentos de otras de sus obras. Por ejemplo repite los frutos mexicanos que pintó en

Autorretrato en la frontera entre México y Estados Unidos y las conchas con las que pintaría más adelante el cuadro *Diego y Frida*. Toma el corazón de *Recuerdo* y dibuja una mujer desnuda con gran parecido, tanto en posición como en el rostro, a ella misma en *Henry Ford Hospital*. Sus progenitores aparecen en escena con una pose similar a la de *Mis abuelos, mis padres y yo*, escondidos mínimamente tras unas hojas que recuerdan la obra de Max Ernst, *La ninfa Eco*. Se encuentran representadas las dos mujeres de *Dos desnudos en un bosque*, obra que Frida pintaría un año más tarde. De un volcán en erupción surge un rascacielos similar al que pintó Frida en *El sueño* (o también *Autorretrato onírico*) y a sus pies se encuentra un esqueleto como el que representó Frida en *Cuatro habitantes de México*. Para acabar toma el pájaro de *El jardín de las delicias* de El Bosco y lo coloca en uno de sus pies que sobresalen del agua y que son el origen de algunos de los males físicos de Frida pues, su pie derecho quedó enfermo desde que tuvo la polio. Del tapón de la bañera donde se encuentran todos estos elementos gotean dos venas, como pasaba en *Recuerdo de la herida abierta* o como en un futuro Frida plasmará en *Las dos Fridas*.

Julien Levy cuenta que Frida le habló de esta obra: «Simboliza el paso del tiempo; que trataba, por un lado, del tiempo, de los juegos infantiles y de la tristeza inherente a lo que le pasó en la vida. Al cumplir más años, los sueños de Frida se volvieron tristes, mientras que los de la niña habían sido felices. De niña jugaba con distintos objetos en la tina del baño; soñaba con ellos. Las imágenes del cuadro se relacionan con esos juegos. Cuando éste fue pintado, Frida se vio a sí misma bañándose, y todos los sueños con un final triste, como suele suceder cuando se sueña hacia atrás. También acostumbraba a hablar mucho de la masturbación en la tina del baño. Luego mencionó la perspectiva desde la cual el cuadro la presenta. En cuanto al aspecto filosófico, su idea tenía que ver con la imagen que uno se forma de las cosas, porque es imposible contemplar la propia cabeza, la cual sirve para mirar, pero no puede ser vista por uno mismo. Es algo que uno se carga con uno para poder conocer la vida».

Según dice Hayden Herrera en su biografía de la artista, «Lo que el agua le ofrecía a Frida era la suspensión tranquilizadora del mundo objetivo en una forma que le permitía entregar a la fantasía una constelación de breves imágenes, del tipo de las que atraviesan la mente en los momentos anteriores al sueño». Sin embargo, las imágenes que ve Frida son de lo más reales, no contienen matices sutiles ni se ven deformadas ni borrosas. En este sentido y sacando estas mismas conclusiones, el mismo esposo de Frida, Diego Rivera acertó en afirmar que Frida era «realista». En 1943, Diego Rivera escribió un artículo llamado *Frida Kahlo y el arte mexicano*, donde el muralista habla de la obra de su esposa.

Dentro del panorama de la pintura mexicana de los últimos veinte años, la obra de Frida Kahlo brilla como un diamante entre muchas joyas menores: es clara y dura, de facetas definidas con precisión (...)

Los autorretratos, producidos a intervalos, nunca son idénticos; aunque cada vez más se parezcan a Frida, son propensos a cambios y perdurables al mismo tiempo, como una dialéctica universal. Un monumental realismo ilumina la obra de Frida. También se oculta cierto materialismo en el corazón extraído, la sangre que fluye sobre mesas, las tinas del baño, las plantas, las flores y las arterias cerradas por las tenazas hemostáticas de la pintora.

Dicho realismo invade aun las dimensiones más pequeñas: diminutas cabezas son esculpidas como si fueran gigantes. Así aparecen cuando la magia de un proyector las amplía hasta el tamaño de una pared. Cuando el microscopio fotográfico amplifica el fondo de los cuadros de Frida, se vuelve evidente la realidad. La malla de venas y la sarta de células son claras, aunque falten algunos elementos, y aportan una nueva dimensión al arte de la pintura (...)

El arte de Frida es individual y colectivo. Su realismo es tan monumental que todo tiene X dimensiones. Como consecuencia, pinta al mismo tiempo el exterior y el interior de ella misma y del mundo (...)

En el cielo compuesto por oxígeno, hidrógeno y carbono así como el principal estimulante, la electricidad, los espíritus del espacio, Huarakán, Kukulkán y Gukamatz se encuentran solos, con los padres y los abuelos. Ella se halla sobre la tierra y dentro de la materia, en medio de los truenos, los relámpagos y los rayos de luz, que finalmente se transforman para crear al hombre. Sin embargo, para Frida lo tangible es la madre, el centro de todo, la madre océano, tempestad, nebulosa, mujer.

XII. PARÍS Y LOS SURREALISTAS

Frida llegó a París en enero de 1939. Su tan ansiada Europa no le estaba gustando todo lo que ella había imaginado. Había problemas con la exposición y aparte no soportaba el esnobismo que reinaba en el círculo de intelectuales y de los llamados surrealistas. Para ella son unos tipos que se pavonean de ostentar su credencial de «surrealistas» y que les cae la baba de sólo pronunciar el nombre de André Breton, «vanidoso son of a bitch». Vale mucho la pena leer algunas de las cosas que Frida pensaba de este círculo de artistas y vale la pena leerlo en el lenguaje original que ella misma usaba para describirles:

You have no idea the kind of bitches these people are.
They make me vomit. They are so damn «intellectual» and rotten. I can't stand them any more. I rather sit on the floor in the market of Toluca selling tortillas, than to have anything to do with those «artistic» bitches of Paris. They sit for hours on the cafés, warming their precious behinds, and talk without stopping about «culture», «art», «revolution», thinking themselves the gods of the world. They live as parasites of the bunch of rich bitches who admire their «genius» of «artists». Shit and only shit is what they are. Gee mez! It was worthwhile to come here only to see why Europe is rottening, why all these people, good for nothing, are the cause of all the Hitlers and Mussolinis (...)
Marcel Duchamp, a marvellous painter, is the only one who has his feet on the earth among all this bunch of coocoo lunatic sons of bitches of the surrealists (...)

Ustedes no tienen ni la más ligera idea de la clase de cucara-
cha vieja que es Breton y casi todos los del grupo de los surrea-
listas. En pocas palabras, son unos perfectos hijos de... su mamá.
Este pinchísimo París me cae como patada en el ombligo.

No era de extrañar que Frida dijera todo esto de Breton y los
surrealistas pues su llegada no fue muy afortunada. Se instaló en
casa de los Breton. La exposición aún no tenía sala y sus cuadros
se habían quedado en la aduana. Además el tiempo era gris y por
mucho que visitó la ciudad mientras pensaba en Diego y las historias que le había contado acerca de París, había lugares que su
cuerpo no le permitía alcanzar, pues se sentía cansada.

Sin embargo, no todos los artistas que conoció en París fueron
tan «hijos de puta y lunáticos» como decía Frida. Le interesaron
Paul Eluard, Ives Tanguy, Max Ernst y Marcel Duchamp. Este
último la ayudó y resolvió el problema de la aduana, los cuadros,
y se ocupó también de la galería.

A pesar de todo, Breton consiguió su objetivo y bajo el nombre
de México reagrupó no sólo los cuadros de Frida sino también
figuras precolombinas, máscaras, exvotos, objetos folclóricos,
retratos mexicanos del siglo XIX, fotos del fotógrafo mexicano
Manuel Álvarez Bravo...

Desafortunadamente, Frida entonces enfermó. Había contraído,
a través de una colitis, una inflamación bacteriana de los riñones
que además le hizo subir mucho la fiebre. Tuvo que estar ingresada
en el hospital norteamericano de Neuilly. A su salida del hospital
pudo instalarse en casa de Duchamp y su esposa con quién se sentía muy a gusto. En una carta a Nickolas le cuenta como está todo
a punto para la exposición:

Marcel Duchamp me ha ayudado mucho. Es el único hombre
verdadero entre toda esta gente corrompida. La exposición se va
a inaugurar el 10 de marzo, en una galería llamada Pierre Colle.
Dicen que es una de las mejores de aquí. Ese tipo, Colle, es comer-
ciante de Dalí y de otros peces gordos del surrealismo. La mues-
tra durará dos semanas, pero ya hice los arreglos necesarios para

sacar mis cuadros el 23. Así tendré tiempo para empacarlos y lle-
varlos conmigo el 25. Los catálogos ya se encuentran en la
imprenta, por lo que parece que todo va bien. Quise embarcarme
en el Isle de france *el 8 de marzo, pero le telegrafié a Diego y éste*
me dijo que esperara hasta después de la exposición, ya que no
confía en que estos tipos me envíen los cuadros. Tiene razón, en
cierto modo, pues después de todo vine aquí sólo por la maldita
exposición, y sería tonto irme dos días antes de que se inaugure.
¿No estás de acuerdo?

Finalmente la exposición no fue un éxito comercial aunque
Frida fue elogiada por su trabajo. Los surrealistas, en su mayoría,
alabaron la obra de la artista. El mismo Picasso escribió días más
tarde a Diego para decirle: «...Ni tú ni Derain ni yo, somos capa-
ces de pintar una cara como las de Frida Kahlo». En la misma
inauguración, Kandinsky se emocionó tanto que le dio un abrazó
a Frida mientras le caían las lágrimas por la cara. También recibió
un abrazo de Joan Miró y las felicitaciones de Tanguy y de Paalen.

La alta costura de París también se interesó por el estilo de Frida
y creó el vestido de la señora Rivera y la mano de Frida, con todos
sus anillos, fue portada de la revista *Vogue*.

El suicidio de Dorothy Hale

A finales de marzo, y ya con ganas de dejar atrás París y ver a
Nick, Frida volvió a Nueva York con el encargo de pintar un cuadro
en recuerdo de Dorothy Hale, una amiga íntima de Clare Boothe
Luce, la editora de la revista *Vanity Fair*, que había muerto hacía poco
tiempo. Esta obra tiene una larga historia, pues Frida quiso representar el dolor de su muerte y pintó la mismísima secuencia de su
caída (pues Dorothy se suicidó lanzándose por el balcón de su casa).
Frida conocía la historia y se ofreció para pintar un cuadro en su
memoria pues el hecho la había dejado bastante impresionada. El
cuadro, al llegar al comprador, no fue de su agrado; pues, evidentemente, no era muy apropiado para regalar a la madre de Dorothy. Sin

embargo, el comprador no lo destruyó, como inicialmente tuvo intención, y lo único que mandó hacer es tapar el escrito que Frida había hecho en la parte inferior de la obra.

A la llegada Frida se emocionó de estar de nuevo en Nueva York y reencontrarse con su amor. Sin embargo, su felicidad no duraría mucho pues Nick, mientras Frida había estado en París, había conocido a otra mujer con la que iba a contraer matrimonio. Frida se sintió más vacía que nunca aunque incapaz de llorar o de sentir rabia hacia Nick. Simplemente se preguntaba qué había pasado. Si se había entregado demasiado a él o todo lo contrario. Tenía dudas sobre lo que debía hacer ahora. No podía decidir si quedarse en Nueva York o volver a México. También sentía mucho miedo de lo que podía encontrarse en México y de sus sentimientos hacía Diego. Finalmente decidió volver a México.

XIII. LAS DOS FRIDAS

En México Frida se encontró a un Diego a quien se le atribuían muchas aventuras: con Irene Bohus, una pintora húngara, y también con la actriz Paulette Goddard, que se instaló enfrente de la casa de Rivera. Sin embargo, con esta última Frida también trabó amistad.

En cuestión de política Trotski y Rivera habían tenido varios enfrentamientos, en ausencia de Frida, y el ruso estaba dispuesto a marcharse. Se ve que Rivera quiso ser el secretario de la sección mexicana de la IV Internacional y a los ojos de Trotski eso resultaba una estupidez por parte de Rivera. Frida que había sido cuestionada por Trotski para saber si se pondría de parte de Rivera o de él, no quiso meterse (por el rumor que corría acerca de que Diego había conocido la aventura con Trotski) pero se decantó más por el que era todavía su marido. A pesar de todo, Frida no se sentía muy cómoda con esa situación y estaba preocupada por el matrimonio Trotski que preparaba un nuevo traslado de casa. El matrimonio efectivamente se trasladó a la calle Viena de Coyoacán en abril de 1939.

La cuestión es que no se sabe muy bien por qué motivo, quizá realmente Diego se enterara de las aventuras de Frida con Trotski y con Muray, pero su relación se enfrió y Frida se trasladó a vivir a su casa de Coyoacán aquel verano. Allí se encontraba a gusto pero no alegre. Se sentía sola y se consolaba por carta con Nickolas y con su hermana Cristina. Sin embargo no quería salir y allí dentro pasaba largas horas aunque no trabajase. A finales de aquel año, Diego y Frida ya habían hecho oficial su divorcio. Rivera intentó convencerla de que dar ese paso era lo mejor para los dos, que ella sería más feliz así y que su carrera se beneficiaría de ello. Pero sólo Frida sabía el sufrimiento que suponían esos papeles. Empezó a beber y se sentía desesperada. En público trataba de disimular y se mostraba alegre, incluso coqueteaba con los invitados de las fiestas pero sólo unos pocos amigos y sus obras son testigos del dolor que estaba padeciendo la artista.

A finales de ese año, Frida tuvo un breve idilio con el refugiado español Ricardo Arias Viñas a quien conoció a raíz de su trabajo con los republicanos españoles. Muestra de esta historia es una carta dirigida a Edsel B. Ford, donde recomendaba a Arias para un puesto de trabajo en su empresa:

(...) Sólo pretendo exponerle el caso especial de un muy querido amigo mío. Por muchos años fue agente de la Ford en Gerona, Cataluña. A causa de las circunstancias de la reciente guerra en España, ha venido a México. Se llama Ricardo Arias Viñas y tiene 34 años. Trabajó para la Ford Motor Co. durante casi diez años. Cuenta con una carta de la Central Europea (Essex) que confirma el hecho de que fue empleado de la compañía y se dirige a la fábrica de la misma, ubicada en Buenos Aires. El señor Ubach, gerente de la fábrica de Barcelona, puede dar todo tipo de informes acerca del señor Arias. Durante la guerra, aprovechó su cargo de jefe de transportación en Cataluña y logró devolver a las fábricas de usted más de cien unidades robadas al principio del movimiento. (...)

No obstante, y pasado lo peor, consiguió, una vez más, trasladar sus emociones a la pintura y empezó a trabajar en el cuadro *Las dos Fridas*. Es posible que ésta sea su obra más conocida y además, de grandes dimensiones, contrariamente a lo que estaba acostumbrada a pintar Frida. Sin embargo, la artista dijo que sentía la necesidad de plasmarlo en ese tamaño.

La obra recoge los sentimientos de la artista ante su crisis matrimonial y su divorcio. En ella Frida se representa dividida en dos personalidades bajo un cielo gris atormentado. La Frida tehuana es la personalidad adorada por Diego, mientras que la otra va vestida de blanco casi como una novia con aire europeo. Ambas tienen el corazón a la vista y unidos mediante una única arteria. La parte europea amenaza con desangrarse. Está sujeta con una pinza de cirujano que no puede contener la sangre que brota. La Frida mexicana sostiene en su mano un amuleto con el retrato de su marido de niño.

Pero además de este cuadro, Frida empezó a pintar una serie de autorretratos, motivados por el hecho de que quería mantenerse económicamente sin la ayuda ni de Diego ni de sus amigos, que le enviaban dinero por correo. Todos ellos son muy similares pero cambia el fondo y los elementos que la acompañan en cada uno de ellos. Frida en otoño se sentía muy deprimida y enferma. Su refugio era la pintura pero una infección de hongos en la mano derecha le ponía más obstáculos todavía a su vía de escape y no la dejaba, en ocasiones, pintar. También sentía dolores en la espina dorsal.

Y otra obra fue *La mesa herida* donde Frida se pinta acompañada de sus sobrinos: Isolda y Antonio Kahlo, de su cervatillo y de un esqueleto. El cuadro, bastante sangriento, junto con *Las dos Fridas* fue expuesto en enero de 1940 en México en la Exposición Internacional del surrealismo. La muestra organizada por Breton contó con obras de Giacometti, Tanguy, Man Ray, Picasso, Kandinsky, Klee, Moore, Magritte, Dalí y Rivera entre otros.

Además de éstos también pintó otro cuadro donde se desprende de todos los atuendos femeninos que gustaban a Diego para volverse a vestir con un traje de hombre, y tras haberse cortado el pelo ella misma. En el cuadro Frida se encuentra sentada con las tijeras en la mano y a su alrededor todos los mechones de su cabello que ha cortado. Los cabellos que reposan en el suelo se enredan entre sí y parecen tener vida propia, la misma silla donde Frida está sentada parece tener una enredadera de pelos entre sus patas. En la parte superior de la obra Frida parece mandar un mensaje a Diego: «Mira que si te quise fue por el pelo. Ahora que estás pelona, ya no te quiero». Sin embargo el texto no es suyo, procede de una canción mexicana de moda que se hizo popular a principios de los años cuarenta. Esta obra no es la única donde la relación con Diego y su pelo se encuentran relacionados. En *Autorretrato con trenza* la artista se pinta con un peinado muy parecido al que usan las mujeres indígenas en la región norte de la provincia de Oaxaca y en Sierra Norte de Puebla. Frida lleva el pelo peinado hacia atrás, apretado, y un mechón trenzado con una cinta roja de lana se levanta sobre su cabeza como si se tratara de un postizo. El pelo se muestra difícil de domar, algunos mechones salen de la trenza. Parece que los cabellos que salen en el cuadro *Autorretrato con pelo cortado* vuelven a aparecer en esta obra pintada cuando la pareja volvió a unirse en matrimonio un tiempo más adelante.

Estando aún divorciados, y también a raíz de su estado de ánimo, Frida volvió a sentir preocupación por la muerte. Muestra de ello es la obra titulada *El sueño*. En ella, Frida está acostada en una cama, con cuatro columnas, que flota sobre un cielo azul. Encima de la cama hay un esqueleto, el Judas. De los pies de la cama nace una enredadera que sube hasta llegar a la cara de Frida, que se encuentra dormida.

Además, en este período de tiempo Frida pasó por un trámite no muy agradable. En mayo de 1940 un grupo de estalinistas intentaron matar a Trotski y a su esposa. Entre ellos estaba David Alfaro Siqueiros. Aunque fallaron el intento, la policía anduvo detrás de los culpables y se sospechó de Diego Rivera por la manera como habían roto sus relaciones Trotski y él. Avisado por Paulette Godard, Rivera huyó junto con la pintora Irene Bohus y se marchó a Estados Unidos con un encargo para pintar un mural en el San Francisco Junior College.

Frida realmente enfermó después de este suceso y sobre todo un tiempo después cuando lograron acabar con la vida de Trotski y además, nada más y nada menos, que el asesino se había ganado la confianza de Frida un tiempo antes. El asesino, Ramón Mercader, consiguió conocer a Frida y así estar más cerca del ruso. Frida se tomó muy mal la noticia y se enojó con Diego pues consideraba que era culpa suya que hubieran matado al viejo por haber acogido a Trotski en su casa. Además la policía detuvo a Frida y a Cristina tras inspeccionar la casa, dejando a los hijos de Cristina solos. Las interrogaron y las mantuvieron encarceladas durante dos días.

Ante esta noticia Diego estuvo muy afectado pues sobre todo le preocupaba el estado de salud de Frida y quiso consultar con el doctor Eloesser. Finalmente el doctor Eloesser le recomendó someterse a un tratamiento en San Francisco al que Frida respondió muy bien. Era septiembre de 1940. Pero además de convencerla para este tratamiento el Dr. Eloesser también quiso aconsejarla sobre su separación de Diego y le escribió lo siguiente por correspondencia:

Diego te quiere mucho, y tú a él. También es cierto, y tú lo sabes mejor que yo, que tiene dos grandes amores aparte de ti: 1) la pintura y 2) las mujeres en general. Nunca ha sido monógamo ni lo será jamás, aunque esta virtud de cualquier forma es imbécil y va en contra de los impulsos biológicos.

Reflexiona con base en esto, Frida. ¿Qué es lo que quieres hacer?

Si crees que puedes aceptar los hechos como son, vivir con él en estas condiciones, someter tus celos naturales a la entrega de trabajo, la pintura, la enseñanza en una escuela, o lo que sea mientras te sirva para vivir más o menos pacíficamente... y te ocupe tanto que te acuestes agotada todas las noches (entonces cásate con él).

Lo uno o lo otro. Reflexiona, querida Frida, y decide.

Frida, como muestra de su agradecimiento por sus atenciones como médico y como amigo, pintó una obra para el doctor. Un autorretrato. El *Autorretrato con collar de espinas* o también llamado *Autorretrato dedicado al Dr. Eloesser*. Y además se sintió mucho mejor después del tratamiento en el hospital Saint Luke's. Con tratamientos de calcio y electroterapia recuperó tanto la salud como los ánimos. En el cuadro que pintó para el doctor aún se pinta con muestras de dolor (el collar de espinas hace que sangre del cuello) pero en cambio lleva unos pendientes con forma de mano que demuestra que logró recuperarse de la infección que le había afectado la mano derecha. En la parte inferior de la obra hay una dedicatoria escrita en una banderola sujeta también por una mano. Este motivo hace pensar en los «milagros» mexicanos, los donativos de metal, cera o marfil, con los que se agradece al santo el favor concedido. Y, aunque todavía sufre, del fondo de las hojas brotan capullos blancos, que simbolizan la fuerza vital que la artista va recuperando.

Durante la convalecencia, sin embargo, y contrariamente a lo que se pueda pensar, la pareja aún no se unió de nuevo, es más, Diego le presentó a un joven llamado Heinz Berggruen con quién Frida mantuvo una relación. Los dos viajaron a Nueva York y estuvieron instalados en el hotel Barbizon-Plaza. Allí fueron muy felices e iban a muchas fiestas y Heinz conoció, gracias a Frida, a muchos artistas y muchas cosas. Sin embargo, el idilio terminó como era de esperar y Frida finalmente se decidió por Diego y aceptó su propuesta de matrimonio. Eso sí, primero Diego tuvo que aceptar las condiciones que le puso Frida antes de casarse por segunda vez y así lo explicaba:

(...) quería mantenerse económicamente con las ganancias de su trabajo, que yo pagara la mitad de los gastos del hogar, nada más, y que no tuviéramos relaciones sexuales. Al explicar esta última estipulación, afirmó que le era imposible hacer el amor conmigo mientras las imágenes de todas las otras mujeres le pasaban por la cabeza, lo cual le causaba una barrera sicológica en cuanto me acercaba a ella.

Me sentí tan contento por tener otra vez a Frida conmigo que me presté a todo.

Así pues, el mismo día que Diego cumplía 54 años, el 8 de diciembre de 1940, Frida y Diego volvieron a ser marido y mujer. Tras la ceremonia la pareja pasó dos semanas juntos en California y luego Frida pasó las Navidades junto a su familia en México.

Una vez detenido el asesino de Trotski y comprobarse con su declaración que Diego no tenía nada que ver con la muerte del ruso, Diego pudo volver a México y se instaló con Frida en la Casa Azul. Sin embargo, dos meses después, en abril, el padre de Frida muere de un ataque cardíaco. A pesar de que no se recogen muchas cosas al respecto, en una carta al doctor Eloesser Frida escribió cómo le hizo sentir esa pérdida:

(...) La muerte de mi papá ha sido para mí algo horrible. Creo que a eso se debe que me desmejoré mucho y adelgacé otra vez bastante. ¿Te acuerdas qué lindo era y qué bueno?

El doctor Eloesser, por estas fechas, le hizo un regalo a Frida que había sido una demanda de la artista desde hacía tiempo. Le regaló un feto de bebé.

En los años cuarenta Frida ya era reconocida mundialmente y sus cuadros viajaban de exposición a exposición. Por su inconstancia en el trabajo era difícil que Frida reuniera suficientes cuadros para una exposición individual de su obra. De todos modos, participó en la Exposición Internacional del Golden Gate, de San Francisco; además, envió *Las dos Fridas* a la presentación *Veinte siglos de Arte Mexicano*, organizada por el Museo de Arte Moderno de Nueva York. En 1941, la exposición *Pintores de México Moderno*, realizada por el Instituto para las Artes Contemporáneas de Boston, exhibió *Frida y Diego Rivera*, que luego viajó a otros cinco museos estadounidenses. En 1942, *Autorretrato con trenza* fue incluido en *Retratos del siglo xx*, otro evento del MOMA (Museo de Arte Moderno de Nueva York). Además el Museo de Arte de Filadelfia mostró, como parte de la exposición *El arte Mexicano de Hoy*, de 1943, *Las dos Fridas*, *Lo que me dio el agua* y el autorretrato, pintado en 1940, en el que lleva un collar de espinas y está acompañada por un mono y un gato. Este mismo cuadro también estuvo presente en la exposición *Mujeres Artistas*, coordinado por la galería Art of This Century, de Peggy Guggenheim.

A pesar de que el arte de Frida había sido reconocido en un principio por los Estados Unidos, México también ahora valoraba las pinturas de la artista. En 1942 fue elegida como miembro del

Seminario de Cultura Mexicana, una organización dependiente del Ministerio de Cultura y formada por 25 personas (artistas e intelectuales). Se encargaban de fomentar y divulgar la cultura mexicana mediante exposiciones, conferencias y publicaciones.

En esa etapa de la obra de Frida se ve un crecimiento del tamaño de los cuadros de la artista y una tendencia hacia los retratos. Esto se debe seguramente porque la mayoría de estos cuadros eran encargos que encontraban chocantes los cuadros de la artista de cuerpo entero. Entre algunos de los compradores de obras de Frida se encontraba Eduardo Morillo Safa quién encargó varios autorretratos de Frida y otros tantos retratos de miembros de su familia.

En 1942 sucedió un hecho que significó mucho para Frida pues se inauguró en México una escuela llamada por los alumnos La Esmeralda, pero que en realidad era la antigua escuela de Escultura que se transformó en academia de Arte para pintura y plástica. Era una escuela de arte con una pedagogía peculiar, popular y liberal que tuvo una muy buena acogida. Entre el profesorado de la escuela se encontraba el matrimonio Rivera, que de la misma manera que el resto de maestros, dejaban en sus enseñanzas parte de su personalidad. Uno de los principios de la escuela consistía en dar las clases fuera de las aulas.

El único inconveniente para Frida fue que su salud empeoró de tal manera que le fue imposible seguir dando clases en la escuela y fuera de ella. La solución que se encontró, en un principio, fue dar las clases en la misma casa de Frida. Sus alumnos estaban encantados con ella. Frida les aviso que no sabía enseñar y que quería que sacasen la inspiración de lo que veían. No creía en la técnica sino que quería que dejaran salir afuera su sensibilidad.

No decía ni media palabra acerca de cómo debíamos pintar, ni hablaba del estilo como lo hacía el maestro Diego Rivera. (...) Fundamentalmente, lo que nos enseñaba era el amor por el pueblo y un gusto por el arte popular, recordaban sus alumnos.

Frida quería que sus alumnos pintaran con placer y se encargaba de que tuvieran de todo en la casa. En un principio el grupo de alumnos que iba a Coyoacán fue numeroso pero, más adelante, se redujo y fueron concretamente cuatro los que se impregnaron de ella de tal manera que se llamaban Los Fridos. Se trataba de Arturo Estrada, Arturo García Bustos, Guillermo Monroy y Fanny Rabel.

Ese mismo año Frida empezó una obra que no se hacía con pinceles pero que decía tanto o más que sus pinturas: un diario. En él Frida volcaría todos sus sentimientos, en ocasiones acompañándolos con dibujos. Ese documento, publicado años después de su muerte, fue el testimonio de lo que iban a ser unos años marcados por el dolor que le causaba la enfermedad.

En junio de 1943 se inauguró uno de los trabajos que sus alumnos hicieron colectivamente bajo la supervisión de Frida y la de Diego. Se trataba de pintar un mural en una pulquería, una de las conocidas tabernas de Coyoacán donde se sirve la popular bebida pulque, llamada La Rosita, que se encontraba cerca de la Casa Azul. Era su primera muestra de arte popular y se celebró una gran fiesta. En ella dos de los Fridos recitaron corridos. El primero fue Guillermo Monroy.

¡El barrio de Coyoacán
antes era tan triste!
Y eso porque le faltaba
Algo por qué ser feliz.

¡Pintar La Rosita
costó mucho esfuerzo!
La gente ya había olvidado
El arte de la pulquería.

Doña Frida de Rivera,
Nuestra querida maestra,
Nos dijo: Vengan, muchachos,
Les mostraré la vida.

Pintaremos pulquerías
Y las fachadas de escuelas;
El arte empieza a morir

Cuando se queda en la academia.
Amigos vecinos
Quiero darles el consejo
De no tomar tanto pulque
Pues pueden abotagarse.
¡Recuerden el hecho de que tienen esposas
y preciosos hijitos!
¡Es una cosa ser alegre
y otra perder los sentidos!

El otro corrido vino de la mano de Arturo Estrada e hizo referencia al arte de los murales y su pasado y presente:

Antes se veía muy mal,
Eso no lo podíamos negar;
Cuando empezamos a pintar,
Una pulquería se llegó a creár.

Con el lenguaje de niños de la calle
Nos criticaban los borrachos.
Unos decían: ¡qué bonito!
Y otros: Ay, qué asco.

A pesar de esto, caballeros,
La gente se emociona
Y están muy interesados
En hacerle los honores.

De hecho, esta iniciativa impulsó de nuevo un arte que estaba un poco olvidado y después de la pulquería, Los Fridos pintaron las paredes de unos lavaderos municipales. En lo que se refiere a las obras de Frida, la artista participó en una exposición dedicada a cien años del arte del retrato en México, en la biblioteca Benjamín Franklin y, al año siguiente, Frida participó en otra muestra de la biblioteca que trataba sobre *El niño en la pintura mexicana* donde la artista expuso un cuadro llamado *El sol y la luna*. En 1944, obras de Frida y de Diego participaron en la inauguración de un nuevo local, la Galería de Arte Maupassant. Además, la artista fue invitada a participar en el Salón de la Flor y también a pintar una serie de retratos con el tema las cinco mujeres mexicanas que más han destacado en la historia del «pueblo». Éste último encargo, sin embargo, Frida no pudo llevarlo a buen fin.

Y es que la mala salud de Frida, la obligó a volver a usar esos corsés que la torturaron tanto después del accidente. En la misma inauguración de La Rosita, Frida ya llevaba uno pero, en mitad de la fiesta y viéndose imposibilitada para bailar, decidió sacárselo y disfrutar como el resto de la fiesta. A pesar de este ímpetu, los dolores podían más que ella y sus obras volvieron a reflejar lo que ella trataba de disimular delante de los demás. En *La columna rota* Frida se pinta desnuda de torso hacía arriba y su columna vertebral se representa mediante una columna jónica con grietas por todas partes. Su rostro está anegado de lágrimas y su piel está repleta de pinchos que muestran el dolor que sentía la artista por todo su cuerpo. En 1944 Frida tuvo que reducir el tiempo de trabajo pues sufría muchos dolores en la columna y en el pie. Un cirujano, el doctor Alejandro Zimbrón le mandó reposo absoluto e hizo fabricar un corsé de acero que redujo el dolor de Frida por un tiempo. A pesar de todo bajó mucho de peso y empezó a sufrir pequeños desmayos y a tener fiebre, cosa que la obligó a guardar cama. Entonces se le diagnosticó que tenía sífilis y el doctor que le hizo las pruebas empezó a tratarla con transfusiones de sangre, baños de sol y bismuto. Hubo más médicos que le realizaron varios exámenes como rayos X y drenajes espinales. El doctor Zimbrón, sin embargo, vio necesario fortalecerle la columna y mandó una operación que, llegado el momento, no se realizó.

Al doctor Eloesser Frida le contaba por carta cuál era su situación:

(...) Cada día estoy peor (...) al principio me costó mucho trabajo acostumbrarme, pues es de la chingada aguantar esa clase de aparatos, pero no puedes imaginarte cómo me sentía de mal antes de ponerme ese aparato. Ya no podía materialmente traba-

jar pues me cansaba de todos los movimientos por insignificantes que fueran. Mejoré un poco con el corsé, pero ahora vuelvo a sentirme igual de mal y estoy ya muy desesperada, pues veo que nada mejora la condición de la espina. Me dicen los médicos que tengo inflamadas las meninges, pero yo no me acabo de explicar cómo está el asunto, pues si la causa es que la espina debe estar inmovilizada para evitar la irritación de los nervios, ¿cómo es que con todo y corsé vuelva a sentir los mismos dolores y las mismas friegas?

Oye, lindo, esta vez que vengas, por lo que más quieras en la vida, explícame qué clase de chingadera tengo y si tiene algún alivio o me va a llevar la tostada de cualquier manera. Algunos médicos han vuelto a insistir en operarme, pero no me dejaría operar si no fueras tú quien lo hiciera, en caso de que sea necesario.

De nuevo en 1945 Frida tuvo que volverse a meter dentro de otro corsé, esta vez de yeso, preparado por el doctor Zimbrón, pero empeoraron los dolores en la columna y en la pierna y al poco tiempo se lo quitó. El hospital dijo que le inyectaron Lipidol (para un drenaje en la columna) pero el medicamento provocó una mayor presión en su cerebro y eso le causaba dolores de cabeza.

A lo largo de toda su vida Frida llevó 28 corsés, uno de acero, tres de cuero y el resto de yeso. Con algunos de éstos, que no le dejaban ni sentarse ni inclinarse, se desesperó y se los sacó. Entonces se ataba con un corsé al respaldo de la silla para poder mantenerse erguida. También con algún que otro corsé de yeso tuvo más problemas. Sucedió, por ejemplo, una vez que se lo hicieron mal y que el yeso se secó sobre su cuerpo, aprisionándole de tal manera los pulmones, que no le dejaba respirar. Este corsé, en concreto, pasó a ser una obra de arte de la artista puesto que, tras quitárselo, lo pintó.

Para compensar la pérdida de peso que experimentaba, la artista pasaba por períodos donde la sobrealimentaban. Este episodio es recogido por Frida en la obra *Sin esperanza*, donde se representa a sí misma acostada en una cama y, encima de ella, una especie de embudo donde hay todo tipo de comida que va directamente a su boca. En el dorso del marco de esta obra Frida escribió: «A mí no me queda ya ni la menor esperanza... Todo se mueve al compás de la panza».

Por motivos de salud Frida siguió consultando otros médicos. Algunas veces a través de sus amigos hacía llegar su historial médico y de esta manera les preguntaba si era o no conveniente la operación que algunos especialistas le recomendaban. Con este objetivo escribía a Ella y Bertram Wolfe en una ocasión, el 14 de febrero de 1946.

Ella linda y querido Boit,

¡Aquí vuelve a aparecer el cometa! ¡Doña Frida Kahlo aunque ustedes no lo crean! Les escribo desde la cama, porque desde hace cuatro meses estoy bien fregada con el espinazo torcido, y después de haber visto a hartísimos médicos de este país, he tomado la decisión de irme para los Nueva Yores a ver a uno que dicen que es «padre» de más de cuatro... todos los de aquí, los «hueseros» u ortopédicos opinan por hacerme una operación que creo que es muy peligrosa, pues estoy muy flaca, agotada y dada enteramente a la chin... y en este estado no quiero dejarme operar sin consultar primero a algún doctor «copetón» de Gringolandia. Así es que quiero pedirles un grandísimo favor, que consiste en lo siguiente:

Aquí les adjunto una copia de mi historia clínica que les servirá para darse cuenta de todo lo que he padecido en esta jija vida, pero además quisiera que si fuera posible, se la enseñaran al doctor Wilson, que es al que quiero consultar allá. Se trata de un médico especializado en huesos, cuyo nombre completo es doctor Philip Wilson, 321 East 42nd Street, N.Y.C.

Lo interesante para mí es saber estos puntos:

1) Yo podría ir a los U.S.A. más o menos a principios de abril. ¿Estará el doctor Wilson en New York entonces? O si no ¿cuándo podría encontrarlo?

2) Después de que más o menos conozca mi caso por medio de la historia clínica que ustedes podrían mostrarle ¿estaría dispuesto a recibirme para hacer un estudio serio de mí y darme una opinión?

3) *En caso de que aceptara ¿cree él necesario que yo llegue directamente a un hospital o puedo vivir en otra parte e ir solamente varias veces al consultorio?*

(Todo esto es importantísimo para mí de saber pues tengo que calcular la «fierrada» que por ahora anda exigua.) You know what I mean kids?

4) *Pueden darle los siguientes datos para mayor claridad: He estado cuatro meses en cama y me encuentro muy débil y cansada. El viaje lo haría yo en avión para evitar mayores trastornos. Me pondrán un corsé para ayudarme a aguantar las molestias. (Corsé ortopédico o de yeso.) ¿En qué tiempo cree él poder hacer el diagnóstico, tomando en cuenta que llevo radiografías, análisis y toda clase de «chivas» de esa índole? 25 radiografías de 1945 de columna vertebral, y 25 radiografías de enero de 1946 de espina, pierna y pata. (Si se necesitan tomar nuevas allá, estoy a su disposición... para cualquier desaire!)*

5) *Traten de explicarle que no soy «millonaria» ni cosa que se le parezca, más bien la «mosca» está un poco «verde gris», tirando a color de ala de grillo amarillo.*

6) *MUY IMPORTANTE*

Que me pongo en sus magníficas manos porque, además de conocer su gran reputación a través de los médicos, me lo recomendó personalmente en México un señor que fue su cliente y se llama Arcady Boytler, quien lo admira y lo adora porque lo alivió de una cosa también de espina dorsal. Decirle que Boytler y su señora me hablaron primores de él y que yo voy encantada de la vida a verlo, pues sé que los Boytler lo adoran y que me estiman a mí bastante para mandarme con él.

7) *Si a ustedes se les ocurren otras cosas prácticas (acordándose de la clase de mula que soy), se los he de agradecer con todo mi corazoncito, niños adorados.*

8) *Para consultar con el doctor Wilson, yo les mandaré la mosca que ustedes me indiquen.*

9) *Pueden explicarle más o menos qué clase de cucaracha ranchera es su cuate Frida Kahlo pata de palo. Los dejo en entera libertad de darle toda clase de explicaciones y hasta de descri-*

142

birme *(si es necesario pídanle a Nick una foto, para que sepa qué clase de fachada me cargo).*

10) Si quiere algún otro dato, procedan raudamente a escribirme, para que todo esté en orden de meter la pata (flaca o gorda).

11) Díganle que como enferma, soy bastante aguantadora, pero que ahora ya me agarra un poco forzada, porque en esta ca... vida, se sufre, pero se aprende, y que además ya la bola... de años me ha hecho más pen... sadora.

Ahora van otros datos para ustedes, no para el doctorcito Wilsoncito:

1º Me van a encontrar algo cambiada. Ya la cana me abruma. La flacura también y estoy un tanto cuanto ensombrecida por la penalidad.

La vida matrimonial 2ª va muy bien. Todo cambea y ahora tomo todo con más calma y precautelancia.

Los sigo queriendo cantidad y espero que ustedes a mí lo mismo. ¿Me equivoco?

Mientras oigo de sus bocas un saludote. Por favor escríbanme rápido de este asunto que me urge. Les mando hartísimos besos y todo el agradecimiento de su cuatacha.

Frida

Saludos a todos los amigos.

Finalmente decidió someterse a la operación que los médicos le recomendaron y marchó a Nueva York con su hermana Cristina. Se trataba de soldar cuatro vértebras lumbares con la ayuda de un trozo de hueso pelviano y de una placa metálica de quince centímetros. La operación corrió a cargo del doctor Wilson y se llevó a cabo en junio. La convalecencia también la pasó en Nueva York y con el agravio de la prohibición de pintar. Pasado el verano, Frida volvió a México y le colocaron otro corsé de acero con el que estuvo unos ocho meses. Sin embargo, tras una mejora pasajera, los dolores volvieron de nuevo y los médicos se preguntaban si la operación había sido realizada correctamente. También Alejandro

Gómez Arias creyó que el doctor Wilson fusionó las vértebras que no eran. Un tiempo más adelante, esta sospecha se comprobó que era cierta.

Quizá fue por eso por lo que Frida se entregó en manos del doctor Farill, explicó Alejandro. Este nuevo médico se encargó de extraer el pedazo de metal que le había colocado el doctor Wilson y de hacer una fusión espinal con un injerto de hueso. Era una situación difícil, puesto que la desesperanza que hasta los médicos ya parecían sentir con el caso de Frida, a la propia Frida se le multiplicaba por mil. La artista veía cómo pasaba de un corsé a otro sin encontrar mejora. Y ni la morfina que le recetaron tras la operación, ni el alcohol que tomaba por su cuenta le ayudaban a soportarlo mejor. Lo único que le hacía olvidar el sufrimiento físico era la pintura, a la que dedicaba muchas horas.

La hermana de Frida también contó que, a raíz de la operación cuando se le inyectaron grandes dosis de morfina a Frida, la artista ya no pudo deshacerse de la adicción a la droga y eso se dejó notar por ejemplo en la letra de Frida, que se volvió más grande y menos controlada.

XIV. MOISÉS

Entretanto, su reconocimiento profesional iba en aumento y en 1946 recibió el segundo premio de la exposición anual en el Palacio de Bellas Artes otorgado por el Ministerio de Cultura gracias a la obra titulada *Moisés* o *Núcleo solar*, de 1945. La idea para el cuadro surgió tras la lectura del libro de Sigmund Freud *El hombre Moisés y la religión monoteísta* que le prestó uno de sus mecenas. El libro fascinó a Frida de tal modo que en tres meses tenía terminada esta obra. La figura central, el niño Moisés abandonado, se parece a Diego y, al igual que Rivera en otros cuadros, tiene el tercer ojo de la sabiduría en la frente. La misma Frida escribió lo que significaba aquella obra y cómo la realizó, en exclusiva para ASÍ. Documento que se reproduce a continuación:

Con frecuencia el público explica y quiere saber lo que significan ciertas pinturas, particularmente las modernas. Reacio a dar explicaciones, Picasso respondió un día a cierta dama que afirmaba no comprender su obra:
—¿Le gustan a usted las ostras?
—¡Mucho! —replicó la señora.
—¿Y las comprende usted?
En otro lado, el mismo artista afirmó: Todo el mundo quiere comprender el arte. ¿Por qué no tratan de comprender el canto de un pájaro?
También Orozco dijo un día: El público rehúsa ver pintura... quiere oír pintura.
Frida Kahlo, menos por actitud estética, que por otras razones, jamás ha explicado en público sus pinturas.

Pero hace días, solicitada por un grupo de amigos que se reunió en casa del conocido industrial José Domingo Lavín para admirar un cuadro que éste adquirió a la famosa pintora, Frida Kahlo se decidió a hablar sobre esta última obra.

Irónicamente, con el buen humor, la sencillez y la despretensión que le son peculiares, Frida Kahlo explicó el significado de los símbolos y de las figuras de que está constituido este cuadro que tiene por tema central a Moisés.

Por ser de bastante interés damos a nuestros lectores una reproducción fotográfica del cuadro y la síntesis aproximada, tomada por uno de nuestros redactores, de la referida explicación.

Frida Kahlo, naturalmente, no explicó que su cuadro es una obra de gran riqueza plástica y de alta concepción, que viene a confirmar el talento de esta artista extraordinaria que se conquistó ya un lugar definitivo entre los más grandes pintores de México.

Presentamos en seguida el tenor de la explicación dada por Frida Kahlo acerca del mencionado cuadro:

Como es la primera vez en mi vida que trato de «explicar» una de mis pinturas a un grupo mayor de tres personas, me van a perdonar que me haga un poco «bolas» y tenga bastante «cisco».

Hace más o menos dos años, José Domingo me dijo un día que le gustaría que leyera el Moisés de Freud, y pintara, como quisiera, la interpretación del libro.

Este cuadro es el resultado de aquella pequeña conversación entre José Domingo Lavín y yo.

Leí el libro una sola vez y comencé a pintar el cuadro con la primera impresión que me dejó. Ayer lo releí y debo confesarles que encuentro el cuadro muy incompleto y bastante distinto a lo que debería ser la interpretación de lo que Freud analiza tan maravillosamente en su Moisés. Pero ahora, ya no hay modo, ni de quitarle ni de ponerle, así es que diré lo que pinté tal cual está, y que ustedes pueden ver aquí el cuadro.

Desde luego el tema en particular es sobre Moisés o el nacimiento del héroe. Pero generalicé a mi modo (un modo rete confuso) los hechos o imágenes que me dejaron mayor impresión al leer el libro. En lo que va por mi cuenta ustedes podrán decirme si metí la pata o no.

Lo que quise expresar más intensa y claramente, fue que la razón por la que las gentes necesitan inventar o imaginarse héroes y dioses es el puro miedo. Miedo a la vida y miedo a la muerte. Comencé pintando la figura de Moisés niño. (Moisés, en hebreo, quiere decir, aquél que fue sacado de las aguas, y en egipcio mose significa niño.) Lo pinté como lo describen muchas leyendas, abandonado dentro de una canasta y flotando sobre las aguas de un río. Plásticamente traté de hacer que la canasta, cubierta por una piel de animal, recordara lo más posible a una matriz, porque según Freud la cesta es la matriz expuesta y el agua significa la fuente materna al dar a luz a una criatura. Para centralizar ese hecho pinté al feto humano en su última etapa dentro de la placenta. Las trompas, que parecen manos se extienden hacia el mundo.

A los lados del niño ya creado, puse los elementos de su creación, el huevo fecundado y la división celular.

Freud analiza en una forma muy clara, pero muy complicada para mi carácter, el importante hecho de que Moisés no fue judío sino egipcio, pero yo, en el cuadro, no hallé la manera de pintarlo ni egipcio ni judío, y solamente pinté un chamaco que en general representara tanto a Moisés como a todos los que según la leyenda tuvieron ese principio, transformándose después en personajes importantes, guiadores de sus pueblos, es decir, héroes. (Más abusados que los demás, por eso le puse el «ojo avizor».) En este caso se encuentran Sargón, Ciro, Rómulo, Paris, etcétera.

La otra conclusión interesantísima de Freud es que Moisés, no siendo judío, dio al pueblo escogido por él para ser guiado y salvado una religión, que tampoco era judía sino egipcia: nada menos que Amenhotep IV o Akhenatón revivió la de Atón, o sea la del Sol, tomando como raíces la antiquísima religión de On (Heliópolis).

Entonces pinté el Sol como centro de todas las religiones, como primer dios y como creador y reproductor de la vida.

147

Como Moisés, ha habido y habrá gran cantidad de copetones (achispados), transformadores de religiones y de sociedades humanas. Se puede decir que ellos son una especie de mensajeros entre la gente que manejan y los dioses inventados por ellos para poder manejarla.

De estos «dioses» hay un «resto», como ustedes saben. Naturalmente, no me cupieron todos y acomodé, de un lado y otro del Sol, a aquéllos que, les guste o no, tienen relación directa con el Sol. A la derecha los de Occidente y a la izquierda los de Oriente.

El toro alado asirio, Amón, Zeus, Osiris, Horus, Jehová, Apolo, la Luna, la Virgen María, la Divina Providencia, la Santísima Trinidad, Venus y... el diablo.

A la izquierda, el Relámpago, el Rayo y la huella del Relámpago, es decir, Huracán, Cuculcán y Gukumatz, Tláloc, la magnífica Coatlicue, madre de todos los dioses, Quetzalcóatl, Tezcatlipoca, la Centéotl, el dios chino Dragón y el hindú Brama. Me faltó un dios africano, pero no pude localizarlo en ninguna parte, pero se le puede hacer un campito.

No les puedo decir algo sobre cada uno de ellos, porque la ignorancia sobre su origen, importancia, etcétera, me abruma.

Habiendo pintado a los dioses que me cupieron, en sus respectivos cielos, quise dividir al mundo celeste de la imaginación y de la poesía del mundo terreno del miedo a la muerte, y pinté los esqueletos, humano y animal, que ustedes ven aquí. La tierra ahueca sus manos para protegerlos. Entre la muerte y el grupo donde están los héroes no hay división ninguna, puesto que éstos también mueren y la tierra los acoge generosamente y sin distinciones.

Sobre la misma tierra, pero pintando sus cabezas más grandes para distinguirlas de las del «montón», están retratados los héroes (muy pocos de ellos, pero escogiditos), los transformadores de las religiones, los inventores o creadores de éstas, los conquistadores, los rebeldes... es decir, los meros «dientones».

A la derecha (y esta figura debí pintarla con mucho más importancia que ninguna otra) se ve a Amenhotep IV que más

148

tarde se llamó Akenatón, joven faraón de la XVIII Dinastía egipcia (1370-1350 a.C.), quien impuso a sus súbditos una religión contraria a la tradición, rebelde al politeísmo, estrictamente monoteísta, con ecos lejanos en el culto de On (Heliópolis), la religión de Atón, es decir, del Sol. Ellos no solamente adoraban al Sol como un culto material, sino como el creador y conservador de todos los seres vivos, dentro y fuera de Egipto, cuya energía se manifestaba en sus rayos, adelantándose así hasta los más modernos conocimientos científicos sobre el poder solar. Breasted llama a Amenhotep IV el primer individuo en la historia humana.

Después Moisés, que según el análisis de Freud dio a su pueblo adoptado la misma religión de Akenatón, transformada un poco según los intereses y circunstancias de su tiempo.

A esta conclusión llega Freud, después de un minuciosísimo estudio en el que descubre la relación íntima entre la religión de Atón y la mosaica, ambas monoteístas. (Toda esta parte tan importante del libro no supe cómo transportarla a la plástica).

Sigue Cristo, Zoroastro, Alejandro el Grande, César, Mahoma, Tamerlán, Napoleón, y el «infante extraviado»... Hitler. A la izquierda, la maravillosa Nefertiti, esposa de Akhenatón; me imagino que además de haber sido extraordinariamente bella, debe haber sido una «hacha perdida» y colaboradora inteligentísima de su marido. Buda, Marx, Freud, Paracelso, Epicuro, Gengis Khan, Gandhi, Lenin y Stalin. (El orden es gacho, pero los pinté según mis conocimientos históricos, que también lo son).

Entre ellos y «los del montón», pinté un mar de sangre con el que significo la guerra, inevitable y fecunda.

Y por último, la poderosa y «nunca bien ponderada» masa humana, compuesta por toda clase de... bichos: los guerreros, los pacíficos, los científicos y los ignorantes, los hacedores de monumentos, los rebeldes, los portabanderas, los llevamedallas, los habladores, los locos y los cuerdos, los alegres y los tristes, los sanos y los enfermos, los poetas y los tontos, y toda la demás raza que ustedes gusten que exista en esta poderosa bola.

Nada más los de adelantito se ven un poco claros, los demás «con el ruido... no se supo».

Del lado izquierdo, en primer término está el Hombre, el constructor, de cuatro colores (las cuatro razas).

Del lado derecho, la Madre, la creadora, con el hijo en brazos. Detrás de ella el Mono.

Los dos árboles que forman un arco Noel de Triunfo, son la vida nueva que retoña siempre del tronco de la vejez. En el centro, abajo, lo más importante para Freud, y para muchos otros... el Amor, que está representado por la concha y el caracol, los dos sexos, a los que envuelven raíces siempre nuevas y vivas.

Esto es lo que les puedo decir de mi pintura. Pero se admiten toda clase de preguntas y de comentarios. No me enojo. Muchas gracias.

XV. ÁRBOL DE LA ESPERANZA MANTENTE FIRME

Ciertamente es difícil saber con certeza si las operaciones fueron útiles para la salud de Frida. Algunos dicen que Frida sufría osteomielitis, inflamación de la médula que causa un progresivo deterioro de los huesos, y que una fusión espinal no habría podido curar. En la obra *Árbol de la esperanza mantente firme*, de 1946, Frida muestra de nuevo las marcas que la operación dejó en su cuerpo. El cuadro se divide en dos, la noche y el día, la desesperanza y la esperanza, una Frida acostada y cubierta por una sábana que deja al descubierto las cicatrices de la operación y otra Frida vestida de rojo, con un corsé en una mano y en la otra una bandera con el lema que da título al cuadro. Este principio dual, presente en gran cantidad de sus cuadros, tiene su origen en la antigua mitología mexicana, fuente de inspiración de la artista. El título de la obra está tomado de una canción veracruzana que a Frida le gustaba cantar y que seguía así: «Que no lloren tus ojos cielito lindo al despedirme». La tierra donde se encuentran ambas Fridas está repleta de grietas y surcos que se asemejan a las cicatrices que muestra la artista en su espalda.

La idea de pintar cuadros basados en canciones se originó en los frescos realizados por Rivera en la Secretaría de educación, así como también en las baladas ilustradas por José Guadalupe Posada. No obstante, Frida sólo tomó las canciones como punto de partida para representar su drama personal.

Árbol de la esperanza mantente firme era un cuadro para su mecenas, Eduardo Morillo Safa, a quien le escribió contándole que había pintado este cuadro y hablándole de las cicatrices que

le hicieron los cirujanos «jijos de su... recién casada mamá».
Morillo Safa le llegó a adquirir unas 35 piezas. A raíz de los cuadros que Frida pintó de su familia, la artista conoció a sus hijos
con los que se llevaba muy bien, especialmente con su hija
Mariana, con la que también se mandaba correspondencia. En
ocasiones le escribía versos, como estos:

> *Desde Coyoacán, muy triste,*
> *Ay Cachita de mi vida,*
> *Te manda estos versos «gachos»*
> *Tu mera cuate, la Frida.*
>
> *No pienses que me hago «rosca»*
> *Y no te escribo cantando,*
> *Pues con todo mi cariño*
> *Este corrido te mando.*
>
> *Te fuiste para Caracas*
> *En un poderoso avión,*
> *Y yo desde aquí te extraño*
> *Con todo mi corazón.*
>
> *Venezuela me robó*
> *A mi Cachita la hermosa,*
> *Y Frida aquí se quedó*
> *Rete triste y pesarosa.*
>
> *Venezolanos malvados,*
> *Jijos del siete de espadas,*
> *Regrésenme a mi Cachita*
> *O se las quito a... trompadas!*
>
> *Que no me tiren de a «lucas»*
> *Los chamacos Lupe y Yito,*
> *Pues ya ni la tronchan verde,*
> *¡¡no me echan ya ni un lacito!!*

A tus papás les das besos
Que les mando de a montón!
Diles que me manden uno
Pa' que me dé yo un quemón!

A pesar de la distancia
Los llevo en mi corazón
Y espero su regresada
Pa' echar harto vacilón.

Un pájaro de ojos negros
Dijo que está re bonita,
Ese pájaro chismoso
Conoce bien a Cachita!

Otro pájaro me dijo
Que en la escuela eres un «hacha»,
Yo le contesté orgullosa:
¡es muy lista mi muchacha!

Cachita Morillo Safa,
Dueña de la simpatía,
No me olvides, niña linda,
Ya nos veremos un día.

El día en que tú regreses
Te haré una fiesta re «piocha»
Con piñatas y hartos cohetes
Que salgan «hechos mocha».

Siguiendo la línea de la representación del dolor pero a la vez yendo en una dirección opuesta, puesto que Frida se representa con cuerpo de animal, la artista pintó *El venadito* (también llamado *El venado herido* o *Soy un pobre venadito*). Una obra donde, tomando de modelo un corcino que tenía la artista en su casa, se pintó con el cuerpo de este animal herido de muerte por varias flechas clavadas. Algunos amigos de la artista decían, al respecto de este cuadro, que no sólo mostraba el dolor físico que sufría la artista sino que también era una muestra de su dolor psicológico, como por ejemplo el que le causaba la vida junto a Diego. También se dice que Frida usaba el dolor para retener a su lado a Diego y que cuadros como éste los utilizaba para este fin. De cualquier modo, este cuadro estaba destinado a sus amigos Lina y Arcady Boitler y les fue entregado junto con estos versos:

Ahí les dejo mi retrato
Pa'que me tengan presente
Todos los días y las noches
Que de ustedes yo me ausente.

La tristeza se retrata
En todita mi pintura
Pero así es mi condición,
Yo no tengo compostura.

Sin embargo, la alegría
La llevo en mi corazón
Sabiendo que Arcady y Lina
Me quieren tal como soy.

Acepten este cuadrito
Pintado con mi ternura
A cambio de su cariño
Y de su inmensa dulzura.

XVI. EL ABRAZO DE AMOR DE EL UNIVERSO, LA TIERRA (MÉXICO), YO, DIEGO Y EL SEÑOR XÓLOTL

Diego. Principio
Diego. Constructor
Diego. Mi niño
Diego. Mi novio
Diego. Pintor
Diego. Mi amante
Diego. «Mi esposo»
Diego. Mi amigo
Diego. Mi padre
Diego. Mi madre
Diego. Mi hijo
Diego. Yo
Diego. Universo
Diversidad en la unidad
¿Por qué lo llamo Mi Diego? Nunca fue ni será mío.
Es de él mismo.

La segunda unión entre Frida y Diego reforzó aún más sus lazos aunque les dio todavía más autonomía. Diego continuaba desapareciendo de vez en cuando y Frida, no se sabe si por despecho o porque se dejaba llevar por sus sentimientos, tenía también sus aventuras. Una de éstas fue con José Bartolí, pintor, caricaturista y dibujante político catalán, quien había fundado y presidido el

155

Sindicato de Dibujantes de Cataluña. Durante la Guerra Civil española peleó en el bando republicano y, al término del conflicto, fue encerrado en campos de concentración de Francia y de Alemania. Llegó exiliado a México en 1942. En 1946 se fue a Estados Unidos; la persecución macartista le hizo regresar a México en los 50. En las cartas que Frida le escribía, se escondía bajo el seudónimo de Mara.

Bartolí anoche sentía como si muchas alas me acariciaran toda, como si en la yema de tus dedos hubiera bocas que me besaran la piel.

Los átomos de mi cuerpo son los tuyos y vibran juntos para querernos. Quiero vivir y ser fuerte para amarte con toda la ternura que tú mereces, para entregarte todo lo que de bueno haya en mí, y que sientas que no estás solo. Cerca o lejos, quiero que te sientas acompañado de mí, que vivas intensamente conmigo, pero sin que mi amor te estorbe para nada en tu trabajo ni en tus planes, que forme yo parte tan íntima en tu vida, que yo sea tú mismo, que si te cuido, nunca será exigiéndote nada, sino dejándote vivir libre, porque en todas tus acciones estará mi aprobación completa. Te quiero como eres, me enamora tu voz, todo lo que dices, lo que haces, lo que proyectas. Siento que te quise siempre, desde que naciste, y antes, cuando te concibieron. Y a veces siento que me naciste a mí. Quisiera que todas las cosas y las gentes te cuidaran y te amaran y estuvieran orgullosas, como yo, de tenerte. Eres tan fino y tan bueno que no mereces que te hiera la vida.

Te escribiría horas y horas, aprenderé historias para contarte, inventaré nuevas palabras para decirte en todas que te quiero como a nadie.

Mara

29 de agosto (1946)
Nuestra primera tarde solos.

156

En noviembre de 1947, Frida volvería a utilizar el mismo seudónimo en otra carta de talante sentimental que iba dirigida al cantante Carlos Pellicer:

No sé cómo me atrevo a escribirte, pero ayer dijimos que me hará bien.

Perdona la pobreza de mis palabras, yo sé que tú sentirás que te hablo con mi verdad, que ha sido tuya siempre, y eso es lo que cuenta.

¿Se pueden inventar verbos? Quiero decirte uno:

Yo te cielo, así mis alas se extienden enormes para amarte sin medida.

Siento que desde nuestro lugar de origen hemos estado juntos, que somos de la misma materia, de las mismas ondas, que llevamos dentro el mismo sentido. Tu ser entero, tu genio y tu humildad prodigiosos son incomparables y enriqueces la vida; dentro de tu mundo extraordinario, lo que yo te ofrezco es solamente una verdad más que tú recibes y que acariciará siempre lo más hondo de ti mismo. Gracias por recibirlo, gracias porque vives, porque ayer me dejaste tocar tu luz más íntima, y porque dijiste con tu voz y tus ojos lo que yo esperaba toda mi vida.

Para escribirte mi nombre será Mara ¿de acuerdo?

Si tú necesitas alguna vez darme tus palabras, que serían para mí la razón más fuerte de seguir viviéndote, escríbeme sin temor a «Lista de Correos», Coyoacán, ¿Quieres?

Carlos maravilloso,

Llámame cuando puedas por favor.

Mara

Ya en 1944, el matrimonio Rivera había permanecido separado. En ese período Frida pintó *Diego y Frida 1929-1944* (I) o también llamado *Retrato doble Diego y yo* (I). Lo pintó para el 58 cumpleaños de Diego. En él expresó la idea de que su compañero no sólo determinaba su pensamiento, sino que casi se funde con su marido. La relación dual entre hombre y mujer, como el sol y la luna, muestra que la pareja se pertenece el uno al otro, y simboliza su relación amorosa mediante la caracola y la concha.

Sin embargo, aunque especialmente Frida se sentía muy mal estando alejada de Diego, y sus cuadros mostraban ese estado de ánimo, llegó un momento en el cual Frida decidió no tomarse las infidelidades de Diego tan a pecho. Muestra de ello es el cuadro *El abrazo de amor de El Universo, la tierra (México), Diego, Yo y el señor Xólotl*, donde Frida mantiene otro tipo de relación con Diego, lo abraza sin dominarlo. Según Hayden Herrera «Frida, por fin, aprende a poseer a Diego del modo que probablemente fue el mejor para ambos: él encarna a un gran niño, recostado y contento en las piernas maternales de ella».

Realmente, si algo compartían la pareja era, aparte del sentido del humor y los ideales, un respeto por el trabajo del otro, casi una devoción. Frida defendía a capa y espada a su marido tanto de quienes lo criticaban por pintar cuadros para multimillonarios como de cualquiera que quisiera hacerle daño físico. Diego, por su parte, estaba muy orgulloso de Frida y solía hablar de ella con sus amigos y presentarla como la que consiguió tener colgada una obra en el Louvre, antes que él. En el artículo llamado *Frida Kahlo y el arte mexicano* Rivera dijo: «En medio del panorama de toda la pintura mexicana de calidad, producida durante los últimos veinte años, como diamante en el centro mismo de un gran joyel, clara y dura, precisa y cortante, esplende la pintura de Frida Kahlo de Calderón».

Diego también escribía recados y cartas a Frida. En este caso, el motivo era reconciliarse después de la separación de unos meses en 1944. Se dirigía a ella de esta manera: «A la célebre pintora y distinguida dama Doña Frida Kahlo de Rivera, con el afecto, la devoción, y el profundo respeto de su incondicional milagro». Luego en la carta le exponía sus demandas con un tono mucho más cariñoso: «Querida niña Fisita, no dejes que la pelea te enoje. Puedes estar segura de mi cariño y de mi deseo de que nuevamente veamos el mundo juntos, como lo hicimos el año pasado, de que vuelva a percibir tu sonrisa y de saber que estás feliz. Devuelve a tu Cupido sus cimientos y permite que esta amistad y este cariño duren para siempre».

Una de las aventuras más sonadas de Diego fue con María Félix. La prensa dio buena cuenta de ello y eso aún empeoró más las cosas, puesto que las opiniones al respecto eran muchas y muy variadas. Algunos dijeron que ése era el motivo de la separación con Frida y que Diego estaba enamorado de la estrella de cine. Esto provocó que Frida se mudara y que como colofón casi muriera en un incendio que tuvo lugar en su apartamento. Pero Frida nunca fue una víctima de Diego, ella también mantuvo sus aventuras aunque las mantuvo más en secreto y además tenía el don de acabar llevándose bien con las mujeres que habían mantenido alguna relación con Diego, así que esta vez tampoco fue menos y entre María Félix y ella brotó la amistad y, con Diego, siguió hasta el final de sus días.

En su diario, que Frida empezó a escribir en 1942, la artista plasma sus deseos más íntimos en relación a su esposo, Así pues, aunque muchos pensaran que la pareja mantenía una relación de camaradas y en sus segundas nupcias Frida pidiera a Diego no mantener relaciones sexuales, en su diario, en cambio, hay un contenido sumamente erótico en cuánto habla de Diego. «Diego: Nada comparable a tus manos ni nada igual al oro verde de tus ojos. Mi cuerpo se llena de ti por días y días. Eres el espejo de la noche. La luz violenta de los relámpagos. La humedad de la tierra. El hueco de tus axilas es mi refugio. Mis yemas tocan tu sangre. Toda mi alegría es sentir brotar tu vida de tu fuente, flor que la mía guarda para llenar todos los caminos de mis nervios, que son los tuyos». Es normal que, ante las infidelidades de Diego, se sintiera tan herida y que para protegerse adoptara esta postura de madre. Frida lo sentaba en su regazo, lo bañaba y lo cuidaba como si fuera su madre. En su diario se refleja este nueva relación cuando Frida dice que quisiera «dar a luz» a Diego: «Soy el embrión, el germen, la primera célula que, en potencia, lo engendró... Soy él, desde las más primitivas y las más antiguas células que con el tiempo se volvieron él», escribió en 1947.

En la época que Diego mantuvo una relación con María Félix, Frida pintó *Diego y yo*, 1949. Frida mira al espectador de un modo muy triste. Su pelo se enreda alrededor de su cuello y suponen una amenaza de estrangularla. De nuevo, el pelo simboliza el dolor que siente la artista. En su frente está Diego, y éste en su mente tiene un tercer ojo. El rostro de Frida tiene lágrimas que le corren por las mejillas. Esta obra fue pintada para la pareja Florence Arquin y Sam Williams, amigos de Frida.

XVII. ALEGREMENTE ESPERO LA PARTIDA

A principios de 1950, el estado de salud de Frida había empeorado muchísimo. Ese año fue ingresada por 9 meses en el hospital. El doctor Eloesser la visitó y durante su estancia se descubrió que la artista tenía gangrena en los dedos del pie. Fue de golpe, de la noche a la mañana, que vieron ennegrecidos sus dedos. Unos médicos recomendaron la amputación de éstos y Frida lo consultó con otros médicos para tratar de tomar una decisión correcta, el que le parecía más serio era Juan Farill, aunque la decisión última la tomó tras ser aconsejada por Eloesser que pensaba lo mismo que Frida. Así pues se puso en manos del doctor Farill.

Durante todo el tiempo que Frida estuvo en el hospital, Diego alquiló un cuarto al lado del de ella para pasar allí las noches junto a su esposa. Él la mecía en sus brazos, la entretenía leyéndole poesía o de cualquier otro modo. Hasta Rivera consiguió un proyector para que Frida pudiera ver cine estirada en la misma cama del hospital. La artista disfrutaba con las películas del Gordo y el Flaco, Charlie Chaplin y las del director, Indio Fernández. Algunas de estas películas las pasaba varias veces a sus amigos y a sus hermanas. Algunos médicos piensan que el estado de salud de Frida iba en función de cómo estaba la relación de la pareja. Sus altas y bajas del hospital tenían un paralelismo con la situación de Diego y Frida.

En el hospital todos estaban encantados con Frida, su alegría y su generosidad hacían que las enfermeras la adorasen. Ella nunca se quejaba. Curiosamente una vez recibió el hueso de un donante cuyo nombre era Francisco Villa y Frida se puso tan contenta que decía: «con mi nuevo hueso me dan ganas de salir de este hospital disparando balazos, y de empezar otra revolución», sin duda era una revolucionaria.

Su habitación la había decorado con calaveras, palomas blancas, un candelabro y la bandera rusa. Tenía muchos libros y sus herramientas para pintar. De las paredes colgaban hojas donde los visitantes de Frida eran convencidos de firmar por la Paz de Estocolmo, además de dejar sus autógrafos en los corsés de yeso que Frida pintaba. Y es que, cuando se encontraba un poco mejor, se dedicaba a pintar. Y no sólo cuadros. En esa época Frida pintó una serie de dibujos emocionales para su amiga psicóloga, Olga Campos, que se lo pidió con el objeto de estudiar la relación de las emociones del hombre con la línea, la forma y el color. Para pintar sus obras usaba un caballete que se adaptaba a la cama. Durante ese tiempo trató de acabar el cuadro *Mi familia*, que le servía de apoyo moral. Según ella: «Cuando salga del hospital dentro de dos meses, hay tres cosas que quiero hacer: pintar, pintar y pintar».

Las visitas al hospital eran abundantes y la habitación en ocasiones se convertía en una sala de fiestas. Y también un confesionario pues la gente que la iba a ver, acababa por explicar a la artista sus problemas mientras que Frida se limitaba a escuchar. Quizás a través de los problemas de los demás se olvidaba de los suyos y tenía contacto con el mundo exterior. Entre todas las visitas, las de los niños eran las preferidas de Frida.

A pesar del dudoso beneficio que Frida obtuvo de sus operaciones, lo cierto es que la trataron los mejores médicos del momento. El doctor Wilson era un pionero en el campo de la cirugía ortopédica y un especialista muy conocido en cuanto a la fusión espinal. El doctor Farill, por otro lado, era considerado uno de los cirujanos más destacados de México. Con este último, Frida mantuvo una relación que iba más allá de la puramente establecida entre un médico y su paciente. Quizás por el hecho de que Farill era cojo, entre ambos hubo una amistad. Frida seguía sus consejos al pie de la letra y una vez fuera del hospital, Farill la siguió viendo casi diariamente. Prueba de esta amigable relación son las obras que Frida pintó para él. Una de ellas, pintada en 1951, lleva por nombre *Frida y el doctor Farill*, donde se muestra ella misma pintando la obra para el doctor. Frida se representa en el momento en que se estaba recuperando de la operación donde se le practicaron unos injertos y todavía se desplazaba en una silla de ruedas. El cuadro se puede entender, como sucede con los exvotos, como una ofrenda a la persona que ha salvado a Frida y que ocupa el lugar de un santo. La pintura que utiliza en el cuadro es su propia sangre y, la paleta, su propio corazón. El contexto en el que se sitúa es austero, reflejo de la soledad que siente, está vacío completamente. Del mismo modo, su vestido también es sobrio y se asemeja al de una monja, a excepción de las joyas. La misma artista escribía en su diario sobre la obra mientras la llevaba a cabo:

He estado enferma un año... el doctor Farill me salvó. Me volvió a dar alegría de vivir. Todavía estoy en la silla de ruedas, y no sé si pronto volveré a andar. Tengo el corsé de yeso que a pesar de ser una lata pavorosa, me ayuda a sentirme mejor de la espina. No tengo dolores. Solamente un cansancio..., y, como es natural, muchas veces desesperación. Una desesperación que ninguna palabra puede describir. Sin embargo, tengo ganas de vivir. Ya comencé a pintar. El cuadrito que voy a regalarle al doctor Farill y que estoy haciendo con todo mi cariño para él (...)

La segunda obra que regaló al doctor era una naturaleza muerta que reflejaba las ganas de vivir de la artista. En él se identifica una paloma y una bandera mexicana con las palabras «Viva la vida y el doctor Farill, y yo pinté esto con cariño Frida Kahlo».

A la salida del hospital los dolores siguieron acompañando a Frida y no podía moverse más que con la silla de ruedas. Su casa era la jaula donde se encontraba encerrada con el único aliciente de las visitas, de la pintura y de Diego. Una enfermera estaba a su cuidado, primero una mujer indígena y, luego, una costarricense que se llamaba Judith Ferreto. Las visitas de María Félix y su esposo, Jorge Negrete, Dolores del Río y otros se alternaban con las de sus hermanas, Adriana y Matilde. Cristina iba todos los días y a veces acompañada por su hijos. Como si de una niña pequeña se tratase, Frida recibía regalos y su alegría era desmesurada.

Aunque también le gustaba hacer ofrendas a ella. Estos intercambios eran su manera de recibir del mundo y ofrecer, es decir, de salir de su mundo y contactar con el resto. En ocasiones, si su estado lo permitía hacían excursiones o salían de noche.

Los empleados de la casa, como pasó con los del hospital, estaban encantados con ella, algunos trabajaban para ella desde hacía años. Uno de ellos, Chucho, se encargaba hasta de bañarla a medida que su salud fue empeorando.

En cuanto a la política, para Frida también suponía una manera de contactar con el mundo exterior. En el año 1948 se adhirió de nuevo al Partido Comunista de México y en estos años parecía sentir una mayor necesidad de mostrar sus ideales. Quería que su obra sirviera a la causa comunista. En 1951 escribió en su diario: «Tengo mucha inquietud en el asunto de mi pintura. (...) Sobre todo por transformarla para que sea algo útil... pues hasta ahora no he pintado sino la expresión honrada de mí misma, pero alejada absolutamente de lo que mi pintura pueda servir al partido. Debo luchar con todas mis fuerzas para que lo poco de positivo que mi salud me deje hacer sea en dirección a ayudar a la revolución. La única razón real para vivir».

En esa época Frida empezó a adornar sus naturalezas con banderas, inscripciones o palomas de la paz. Y ella sentía que así su obra formaba parte del Realismo Revolucionario.

La verdad es que a partir de 1952, la pintura de Frida, sobre todo sus naturalezas, se volvió más inquietante. Las pinceladas ya no son finas, sino mucho más sueltas. Los colores más irritantes. Este cambio de estilo va relacionado con la toma de mayores cantidades de drogas que le calmaban el dolor. Su enfermera explicaba que siempre había sido muy pulcra en su trabajo pero que ahora se manchaba las manos y la ropa de pintura al trabajar. Además esta poca pulcritud en su trabajo se acentuaba porque la artista tenía prisa por terminar los encargos y cobrar por su trabajo, así podía conseguir más drogas y también ayudar a Diego. Por otro lado, su estado de salud no le permitía estar muchas horas trabajando.

A parte de la relación con Cristina, que iba casi cada día a verla, con quien se unió mucho durante ese tiempo, sobre todo por necesidad, fue con su enfermera, Judith Ferreto. En un principio la cuidaba durante el día pero acabó por quedarse por las noches puesto que era cuando Frida se sentía más sola. Con Diego apenas coincidían, tenían horarios diferentes y dormían en habitaciones separadas. Con su enfermera se volvía como una niña. Ferreto tenía que soportar las iras de Frida de vez en cuando sobre todo cuando la enfermera trataba de «imponer» condiciones, como decía Frida.

La artista sentía celos de la nueva asistente de Diego, Raquel Tibol quién trató de escribir una biografía de Frida dictada por la propia pintora. Hasta el punto que trató de colgarse del dosel de la cama y fue rescatada por la enfermera. Y es que ni el dolor físico había nublado un ápice del amor y la pasión que sentía por Diego.

Si sólo tuviera cerca de mí su caricia, como a la tierra el aire se la da, la realidad de su persona me haría más alegre, me alejaría del sentido que me llena de gris. Nada ya sería en mí tan hondo, tan final. ¡Pero cómo le explico yo mi necesidad enorme de ternura! Mi soledad de años. Mi estructura inconforme por inarmónica, por inadaptada. Yo, es mejor irme, irme, no, escaparme. Que todo pase en un instante. Ojalá.

En otra ocasión había dicho que no viviría sin Diego. «(...) no cuenten conmigo después de que se vaya Diego. No voy a vivir sin Diego, ni puedo. Para mí es mi niño, mi hijo, mi madre, mi padre, mi amante, mi esposo, mi todo».

A finales de 1952, Frida aún pudo celebrar la inauguración de los nuevos murales de la pulquería, La Rosita. La idea le vino al ver que los antiguos murales se habían decolorado. En esta ocasión, sin embargo, los protagonistas de los murales fueron conocidos y las pinturas recreaban chistes de la sociedad. En la fiesta en honor a este trabajo Frida puso fin a los corsés, pasara lo que pasara. Frida ya no volvería a usarlos y no le importaba cuáles fueran las consecuencias de hacerlo.

XVIII. PRIMERA Y ÚLTIMA EXPOSICIÓN DE FRIDA EN SU TIERRA

Con amistad y cariño
nacidos del corazón
tengo el placer de invitarlo
a mi humilde exposición.

A las ocho del avemaría,
Pues, después de todo, tiene reloj,
Lo esperaré en la galería
de la Lola Álvarez Bravo.

Queda en Amberes doce
Y las puertas abren a la calle
Para que no se extravíe
Es todo lo que diré antes de que calle.

Sólo quiero que me diga
Su buena y sincera opinión.
Usted es persona instruida,
Su saber, de primera gradación.

Estas pinturas
Las pinté con mis propias manos
y esperan en los muros
dar placer a mis hermanos.

Bueno, mi querido cuatacho,

Con amistad verdadera
De todo corazón se lo agradece mucho
Frida Kahlo de Rivera.

Con esta invitación Frida invitaba a sus amigos y conocidos a la exposición que Lola Álvarez Bravo le propuso. Sería su primera exposición individual y la intención de la galerista era homenajearla antes de que la artista desapareciera. La idea de la exposición animó a Frida y pareció que, con los preparativos, la artista volvía a tener fuerzas para seguir adelante. Sin embargo acababan de operarla y el hueso que le habían injertado no lo aceptaba bien, pues estaba enfermo.

La inauguración suscitó mucha polémica, los médicos habían decretado a Frida reposo absoluto y le tenían prohibido ir a la exposición. La gente, sin embargo, mantenía la esperanza de ver a la artista en persona. Y llevaban razón al mantenerse optimistas porque Frida tampoco quería perderse su exposición y mandó llevar su cama a la galería como si fuera una parte integrada dentro de la muestra.

Y al fin llegó el gran momento, y cuando parecía que la artista no acudiría, se oyeron sirenas de ambulancia y Frida apareció y fue colocada en la cama. Desde allí observaría su muestra y, a la vez, formaría parte de la misma. La conmoción de los asistentes fue tan grande que pocos reporteros pudieron fotografiar ese momento. Tenían que hacer circular a la gente puesto que todos querían saludar a la artista.

La fiesta resultó ser como las que le gustaban a Frida: llena de colorido, sorprendente, intensamente humana y algo morbosa. Fue un despliegue de sentimientos y emociones personales, en lugar de una celebración artística y Frida tuvo que ocultar su dolor.

La exposición tuvo mucho éxito, tanto que se extendió un mes más de lo previsto. De todas partes del mundo llamaban a la galería para saber detalles de la muestra. Críticos de arte de la revista *Time* y otros medios escribieron sobre la vida y la obra de Frida.

XIX. ¡PARA QUÉ QUIERO PIES PARA ANDAR SI TENGO ALAS PARA VOLAR!

En agosto de 1953 los médicos decidieron que había que amputar la pierna derecha de Frida. La artista se negaba ante la evidencia por temor. Ahora sí que iban a tener razón todos aquellos que de pequeña la llamaban Frida la coja, Frida pata de palo. Era inexplicable cómo había podido aguantar tanto con la pierna como la tenía. No se sabe cómo conseguía meter el pie en la bota. Ya le faltaban dos dedos pero aún así la gangrena le había carcomido la pierna. Al fin y, como le aconsejaba el doctor Farill, aceptó que le amputaran la pierna. La misma Frida se consolaba afirmando que nunca le había servido para mucho esa pierna pues siempre le había dado problemas.

Tras la operación, el carácter de Frida dio un vuelco, no quería nada, ni hablar ni la compañía de nadie. Quería estar sola. Poco a poco fue recuperando las ganas de opinar pero la Frida brillante, astuta, sarcástica e irónica no estaba con ella. Le costó aceptar la idea de una prótesis pues no estaba segura de querer seguir viviendo. Diego la animaba y la convencía de tirar hacia delante diciéndole que él la necesitaba y eso a la artista le daba fuerzas.

Me amputaron la pierna hace seis meses, se me han hecho siglos de tortura y en momentos casi perdí la razón. Sigo sintiendo ganas de suicidarme. Diego es el que me detiene por mi vanidad de creer que le puedo hacer falta. Él me lo ha dicho y yo lo creo. Pero nunca en la vida he sufrido más. Esperaré un tiempo (...)

No podía pintar demasiado y, cuando lo hacía, representaba a cuerpos a los que le faltaban miembros. A su alrededor escribía

169

mensajes: *Soy la desintegración, Se equivocó la paloma. Se equivocaba... en vez del Norte se fue al Sur, se equivocaba... creyó que el trigo era el agua. Se equivocaba...* y, más adelante dibujó en un pedestal sus pies con el lema: *Para qué quiero pies para andar si tengo alas para volar.*

Frida estaba pasando por una depresión. La vuelta a casa no fue nada fácil pues Diego vivía con un mujer en su estudio. La artista tenía altibajos frecuentes y se había querido suicidar. Los pensamientos acerca de la muerte la atormentaban, cosa que se recoge en su diario:

Calladamente, la pena
Ruidosamente el dolor
El veneno acumulado...
Me fue dejando el amor

Mundo extraño ya era el mío
De silencios criminales

De alertas ojos ajenos
Equivocando los males
Oscuridad en el día
Las noches no las vivía

¡Te estás matando!
¡Te estás matando!
Con el cuchillo morboso
¡de las que estás vigilando!
¿La culpa la tuve yo?

Admito mi culpa grande
Tan grande como el dolor
Era una salida enorme por dónde pasé, mi amor,
Salida muy silenciosa
Que me llevaba a la muerte
¡estaba tan olvidada!

Que ésta era mi mejor muerte
¡Te estás matando!
TE ESTÁS MATANDO
Hay quienes ¡Ya no te olvidan!
Acepté su mano fuerte
Aquí estoy, para que vivan.

Frieda

Tras la marcha de esa mujer, que compartía la casa con Rivera, y que resultaría ser Emma Hurtado, la cuarta esposa del muralista, Frida volvió a Coyoacán. Entonces Diego pasaba con ella mucho tiempo. A pesar de que Diego siempre había detestado las interrupciones mientras se encontraba pintando en su estudio, sobre todo cada vez que Frida recaía en un estado de depresión. Cuando Frida entraba en un estado depresivo y lloraba, la enfermera le llamaba para que fuera a animarla. Así lo relata Diego en su biografía:

En el curso de su convalecencia, la enfermera con frecuencia me hablaba por teléfono para avisar que Frida estaba llorando y diciendo que quería morir. De inmediato dejaba de pintar y me iba corriendo a la casa para consolarla. Cuando Frida volvía a descansar tranquilamente, regresaba a mi pintura y trabajaba horas extras, para compensar las que había perdido. A veces estaba tan cansado que me dormía en mi silla, en lo alto del andamio.

Con el tiempo conseguí un equipo de enfermeras que atendían las necesidades de Frida veinticuatro horas al día. Este gasto, agregado a otros también médicos, rebasaban lo que estaba ganando con los murales, por lo cual aumenté mis ingresos pintando acuarelas. Algunas veces lograba terminar dos grandes diariamente.

Frida tenía un estado de ánimo muy cambiante, y a veces llegaba a la furia hasta con Diego. Sin embargo, una vez se acababa este estado se sumía en otro de tristeza y desesperación. Su enfermera Judith Ferreto era testigo de todos esos estados y veía cómo

171

Diego no sabía qué hacer, en ocasiones hasta el punto de que había pensado en llevarla a un asilo. La única que no se separó de Frida fue Cristina. Parte de la culpa de esos altibajos emocionales se debían a que Frida tomaba drogas para calmar su dolor. Algunos piensan que fueron demasiadas las cantidades que tomaba y que eso en parte la condujo a la muerte.

Durante un año Frida no pudo pintar. En la primavera de 1954 se obligó a hacerlo y para ello se tuvo que atar a una silla. Pintaba acerca de su fe política. Se basaba en los exvotos y también pintaba naturalezas vivas. En esta época logró pintar *Frida y Stalin*, y también, *El marxismo dará la salud a los enfermos*. En el primero de ellos, Frida representó a Stalin como su salvador, si tenemos en cuenta que lo sitúa en el mismo lugar donde colocó al doctor Farill en un cuadro anterior. En el segundo, Frida aparece sostenida por su ideología, cosa que le permite dejar las muletas sin temor a caer. Se puede entender entonces que su creencia política podría liberarla de su dolor y, generalizando, que el marxismo podría salvar a toda la humanidad.

Además de la política, en estos últimos cuadros la artista reflejaba sus creencias religiosas, que en principio no prodigaba mucho. El dolor y su pensamiento constante en la muerte le hicieron aumentar su fe. En *Autorretrato con el retrato de Diego en el pecho y María entre las cejas*, muestra, además de su creencia religiosa, su amor de corazón por Diego. En estas últimas obras las pinceladas de la artista reflejan que no se encontraba en condiciones para pintar, la enfermedad no le dejaba y cuando le dejaba era gracias a los analgésicos que le relajaban y hacían de su pintura un arte un tanto descuidado. Esta poca precisión puede observarse también en la espesa aplicación del color y la inexacta ejecución de los detalles.

Al llegar el verano de 1954, Frida enfermó de una infección pulmonar y a pesar de no estar recuperada, el 2 de julio quiso participar, contrariando la opinión de los médicos, en una manifestación comunista. Haciendo caso omiso a los expertos quiso solidarizarse con la multitud, de más de diez mil mexicanos, que protestaban contra la imposición, por parte de la CIA, de un régimen reaccionario encabezado por el general Castillo Armas en Guatemala, en sustitución del presidente de tendencias izquierdistas Jacobo Arbenz. Ésa fue la última aparición en público de Frida, cuya silla de ruedas era empujada por Diego. Ambos estaban acompañados por figuras destacadas de la cultura mexicana. Frida soportó por cuatro horas el recorrido de la plaza Santo Domingo hasta el Zócalo con un estandarte representando la paloma de la paz en la mano izquierda y el puño izquierdo cerrado y alzado ataviado con sus anillos. Su rostro reflejaba su frágil salud y le envejecía varios años. Al finalizar, Frida se sintió muy satisfecha de haber participado. Sin embargo, su enfermedad empeoró notablemente por esta salida.

De todas maneras quiso celebrar su cumpleaños y empezar la fiesta un día antes. Más de cien invitados comieron platos mexicanos. Más ilusión tenía, sin embargo, de celebrar el aniversario de bodas, sus bodas de plata, que era el 21 de agosto. Quería regalarle a Diego un anillo antiguo de oro. Pero la noche del 12 de agosto, después de haber pasado un día con muchísimos dolores, Frida llamó a Diego y le entregó el anillo, añadiendo que también quería despedirse de algunos amigos. Diego vio que la artista estaba muy enferma y mandó llamar al doctor Velasco y Polo quien le dijo que Frida estaba muy enferma y que tenía fiebre muy alta. Diego asintió y se quedó hasta que Frida se durmió. A las cuatro de la mañana Frida despertó y se quejó de dolores. La enfermera la acompañó hasta que volvió a conciliar el sueño de nuevo. Sin embargo, por la mañana Frida ya había muerto. En su diario, rezan sus últimas palabras, que para algunos inducen a pensar que Frida pudo suicidarse, «espero alegre la salida... y espero no volver jamás... Frida». Pero los médicos citaron como causa de la muerte una embolia pulmonar.

Para Diego fue un golpe muy duro; él relata así la muerte de Frida:

Me quedé junto a su cama hasta las dos y media de la mañana. A las cuatro se quejó de un severo malestar. Cuando un médico llegó al amanecer, descubrió que había muerto poco antes, de una embolia pulmonar.

Cuando entré en su cuarto para verla, su rostro estaba tranquilo y parecía más bello que nunca. La noche anterior me dio un anillo, que compró como regalo para nuestro vigésimoquinto aniversario, para el que todavía faltaban diecisiete días. Le pregunté por qué me lo estaba dando tan pronto y contestó: Porque siento que te voy a dejar dentro de muy poco.

No obstante, a pesar de que sabía que iba a morir, ha de haber luchado por la vida. De otra forma, ¿por qué se vio obligada la muerte a sorprenderla quitándole el aliento mientras dormía?

El entierro de Frida estuvo marcado por su ideología política. Se hizo un velatorio en el Instituto Nacional de Bellas Artes donde su director y antiguo compañero de la preparatoria prohibió que se dejara de lado la política. Sin embargo, de entre la multitud que veló el cuerpo de Frida surgió uno de sus discípulos y colocó sobre el ataúd de la artista la bandera con el martillo y la hoz. Tras unos momentos de consternación, finalmente se dejó la bandera. Frida se convirtió en una heroína comunista en ese momento. Tras el velatorio Frida fue incinerada acompañada de música, la mayoría himnos políticos, y sus cenizas reposan en su casa-museo, inaugurado 4 años después de su muerte.

Su último cuadro estaba lleno de vida a pesar de tratarse de una naturaleza muerta. Se trataba de sandías que contrastan con el azul del cielo. La fruta, una de las más queridas en México, se presenta entera, cortada a la mitad y a trozos. Aunque se trata de su última obra, la pintura parece haber sido aplicada con mucho más control que en sus últimas pinturas. Además, aparte de pintar su signatura, como en el resto de sus obras, Frida agregó en letras mayúsculas: VIVA LA VIDA. Su particular despedida.

ANEXO

**Frida vista por André Breton, en 1938 y publicado
en el libro «*El surrealismo y la pintura*» de Ed. Gallimard**

Allí donde se abre el corazón del mundo, aligerado de la opresiva sensación de que la naturaleza, siempre la misma, carece de impetuosidad, de que, a pesar de cualquier consideración de razas, el ser humano, hecho en serie, está condenado a cumplir tan sólo lo que le permiten realizar las grandes leyes económicas de las sociedades modernas; allí donde la creación se ha prodigado en accidentes geográficos, en esencias vegetales, se ha sobrepasado en la gama de las estaciones y en arquitecturas de nubes; allí donde desde hace un siglo no cesa de crepitar bajo un gigantesco fuelle de forja la palabra INDEPENDENCIA, que como ninguna otra lanza estrellas a lo lejos, allí es donde he tardado en experimentar el concepto que me hice del arte tal como debe ser en nuestra época: sacrificado deliberadamente el modelo exterior al modelo interior, dando prioridad a la representación sobre la percepción.

¿Podía este concepto resistir el clima mental de México? Allí, todos los ojos de los niños de Europa, entre los cuales aquel que yo fui, me precedían con mil fuegos hechiceros. Con la misma mirada que paseo por los sitios imaginarios, veía cómo se desplegaba a la velocidad de un caballo a galope la prodigiosa sierra que se abre al borde de los palmerales rubios, cómo quemaban las haciendas feudales en el perfume de las cabelleras y del jazmín de China de una noche del sur, cómo se perfilaba, más imperiosa que en otras partes, bajo los pesados ornamentos de

fieltro, de metal y de cuero, la silueta específica del aventurero, que es el hermano del poeta. Y sin embargo, esos esbozos de imágenes, arrancadas al tesoro de la infancia, fuera cual fuese su potencia mágica, no por ello dejaba de hacerme sensibles determinadas lagunas. No había oído los cantos inalterables de los músicos zapotecas, mis ojos permanecían cerrados a la extrema nobleza, al extremo desamparo del pueblo indio tal como se inmoviliza al sol en los mercados, no imaginaba que el mundo de los frutos pudiese extenderse a una maravilla tal como la pitahaya de carne gris y con sabor de beso de amor y de deseo, no había aguantado en mi mano un pedazo de esa tierra roja de donde han salido, idealmente maquilladas, las estatuillas de Colima, que tienen algo de mujer y de cigarra, y no se me había aparecido por fin tan igual a esas últimas por el porte y el atavío como de una princesa de leyenda, con encantamientos en la punta de los dedos, en el trazo de luz del pájaro quetzal, que al emprender el vuelo deja ópalos en el flanco de las piedras, Frida Kahlo de Rivera.

Estaba allí, ese 20 de abril de 1938, formando parte de uno de los dos cubos —no sé si es el azul o el rosa— de su casa transparente, cuyo jardín repleto de ídolos y de cactus de penacho blanco como los bustos de Heráclito está cercado tan sólo por hileras de «cirios» verdes, en cuyos espacios se posan de la mañana a la noche los ojos de los curiosos procedentes de toda América y se insinúan las máquinas fotográficas que esperan sorprender el pensamiento revolucionario como el águila, al llegar a su nido. Y Diego Rivera ciertamente que se supone que se mueve cotidianamente de habitación en habitación, por el jardín deteniéndose para acariciar sus monos-araña, por la terraza a donde sube por una escalera que se despeña sin barandilla sobre el vacío, moviendo con su hermoso balanceo su estatura física y moral de gran luchador que encarna, ante los ojos de todo un continente, la lucha librada brillantemente contra todas las potencias sometedoras, y a los míos, por tanto, lo más importante de este mundo; y, sin embargo, no conozco nada que, en calidad humana, sea comparable a su docilidad ante el pensamiento y los modales de

176

su mujer, y en prestigio lo que para él rodea la personalidad fantástica de Frida.

En la pared del despacho de Trotski he admirado largamente un autorretrato de Frida Kahlo de Rivera. Vestida con alas doradas de mariposa, así es como entreabre realmente su cortina mental. Nos es dado asistir, como en los mejores tiempos del romanticismo alemán, a la entrada de una mujer provista de todos los dones de seducción, que está acostumbrada a evolucionar entre hombres de genio. En ese caso, podemos esperar de su espíritu que sea un lugar geométrico: donde hallarán su resolución vital una serie de conflictos del orden de los que afectaron en su momento a Bettina Brentano o a Caroline Schlegel. Frida Kahlo de Rivera está preciosamente situada en ese punto de intersección de la línea política (filosófica) y de la línea artística, a partir del cual deseamos que se unifiquen en una misma conciencia revolucionaria sin que por ello se lleguen a confundir los móviles de esencia diferente que las recorren. Como esa solución está buscada aquí en el plano plástico, la contribución de Frida Kahlo al arte de nuestra época está llamada a adquirir, entre las diversas tendencias pictóricas que van apareciendo, un valor clarificador muy especial.

¡Cuáles fueron mi sorpresa y mi alegría al descubrir, cuando llegué a México, que su obra, concebida con absoluta ignorancia de las razones que nos hicieron actuar a mis amigos y a mí, se movía con sus últimos lienzos en pleno surrealismo! En los actuales términos del desarrollo de la pintura mexicana, que es, desde principios del siglo XIX, la que mejor se ha sustraído a toda influencia extranjera, la más profundamente prendada de sus propios recursos, encontraba en el extremo de la tierra esa misma interrogación, surgida espontáneamente: ¿a qué leyes irracionales obedecemos, qué signos subjetivos nos permiten dirigirnos a cada instante, qué símbolos, qué mitos existen en potencia en tal amalgama de objetos, en tal trama de acontecimientos, qué sentido acordar a ese dispositivo del ojo que permite pasar del poder visual al poder visionario? El cuadro que en aquel momento estaba acabando Frida Kahlo —Lo que el agua me ha dado— ilustra sin saberlo la frase que recogí poco antes de la boca de

Nadja: «Soy el pensamiento en el baño en la habitación sin espejo».

Ni siquiera le falta a ese arte la gota de crueldad y de humor, la única capaz de unir las extrañas potencias afectivas que entran en composición para formar el filtro cuyo secreto México posee. Los vértigos de la pubertad, los misterios de la generación alimentan aquí la inspiración, la cual, sin considerarlas como en otras latitudes lugares reservados del espíritu, se pavonea, al contrario, con una mezcla de candor y de impertinencia.

Me he visto obligado a decir, en México, que no existía, en el tiempo ni en el espacio, pintura mejor situada que aquélla. Y debo añadir que no hay ninguna más exclusivamente femenina en el sentido en que, por ser la más tentadora, consciente de buen grado en convertirse en la más pura y perniciosa, alternativamente.

El arte de Frida Kahlo de Rivera es una cinta de seda alrededor de una bomba.

Frida vista por Eduardo Galeano, en 1929, en Ciudad de México.

Tina Modotti no está sola frente a sus inquisidores. La acompañan, de un brazo y del otro, sus camaradas Diego Rivera y Frida Kahlo: el inmenso buda pintor y su pequeña Frida, pintora también, la mejor amiga de Tina, que parece una misteriosa princesa de Oriente pero dice más palabrotas y bebe más tequila que un mariachi de Jalisco.

Frida ríe a carcajadas y pinta espléndidas telas al óleo desde el día en que fue condenada al dolor incesante.

El primer dolor ocurrió allá lejos, en la infancia, cuando sus padres la disfrazaron de ángel y ella quiso volar con alas de paja; pero el dolor de nunca acabar llegó por un accidente en la calle, cuando un fierro de tranvía se le clavó en el cuerpo de lado a lado, como una lanza, y le trituró los huesos. Desde entonces ella es un dolor que sobrevive. La han operado, en vano, muchas veces; y en la cama del hospital empezó a pintar sus autorretratos, que son desesperados homenajes a la vida que le queda.

Frida vista por Chavela Vargas

Poco se sabe con certeza de las relaciones que Frida pudo tener con otras mujeres. Sin embargo, hay un testimonio, como el de Chavela Vargas, que tras anunciar públicamente su homosexualidad hace bien poco, habla de la relación que mantuvo con Frida. En la biografía de Vargas, publicada recientemente, Chavela explica los episodios que ella y Frida vivieron juntas. Vargas también ha contado en diferentes medios de comunicación anécdotas del matrimonio Kahlo-Rivera. Reproducimos a continuación parte de una entrevista que Chavela ofreció al suplemento del diario *El País* con fecha 3 de marzo de 2002.

Quería hablar de Frida, mi amiga, mi amada, mi buena Frida (...).

Frida sólo pintaba su vida: sus cuadros son una biografía, la mejor de las biografías posibles —más de cincuenta autorretratos han contado—. Y puesto que su vida no fue más que dolor y amor, sus cuadros lo son también. «Mi pintura lleva en sí el mensaje del dolor» (...).

No, creo que aún no tenía los veinticinco años. Me ocupaba de vivir y trataba de hacerme un hueco en el mundo de la música. ¿Para qué vine a México? Yo quería cantar como los mexicanos. Me invitaron a una fiesta.

—En casa del pintor, de Diego Rivera. En su casa se reúnen los pintores, y los músicos... Ven.

Y fui. Era la casa de Coyoacán. La casa de Frida. La Casa Azul. Tiene su significado: la hizo pintar de ese color en recuerdo de los ritos sagrados indígenas, zapotecas y mixtecas. Ahora es la Casa Museo Frida Kahlo, en Londres con Allende, cerca de los Viveros.

—¿Quién es esa niña? —preguntó Frida—. La de la camisa blanca, ¿quién es?

—Es Chavela Vargas —le dijeron—. Anda en la cosa artística. Le gusta artistear.

180

Así se hablaba entonces. Y por lo que a mí respecta, así era: andaba artisteando, tratando de cantar «como los mexicanos» (...).

Frida me hizo llamar y me sentó a su lado. La señora estaba con el pelo amarrado con sus cordones y sus collares... He visto fotografías donde aparece con el mismo vestido. Le gustaba llevar el pelo recogido, o con trenzas, con esos pendientes de motivos indígenas, con azules, y oro. Diego la hizo vestir como una diosa para una foto, y a ella le gustaba. Su sangre era india y española, y tenía sus raíces en Oaxaca, o Huaxyácac, que es el nombre náhuatl o azteca. Algunos dicen que significa «junto al bosque de las acacias» y otros dicen que significa otra cosa. Corre de boca en boca que las mujeres de Oaxaca son muy bellas, y con razón.

Ella estaba recostada en la cama; la cargaron desde el cuarto hasta el patio, donde se celebraba la fiesta, y yo me senté a su lado.

—¡Qué linda es! ¡Qué bella es! Sí, creo que ésas fueron mis palabras (...).

Durante toda la noche estuve platicando con Frida. No me moví de su lado. Puede que viera en ella alguna cosa —¿no dicen que soy chamana?— o puede que, simplemente, me pareciera un ser maravilloso. También Diego estuvo con nosotras, y los tres hablamos y hablamos.

—¿Por qué no se queda a dormir usted? —me dijo cuando la fiesta tocaba a su fin, si es que aquellas fiestas acababan alguna vez—. ¡Oh, Chavela, vive usted en Condesa...! ¡Muy lejos! ¡Quédese! ¡Hay cuartos de sobra!

Lo mismo me daba dormir en un lugar que en otro; me quedé en la Casa Azul, y así comencé mi amistad con Frida.

Me dejaron en un cuarto pequeño (ahora está bastante cambiado, han cambiado algunas cosas), y me entregaron uno de aquellos perros de su colección, de aquellos perros mexicanos que se comían los aztecas... eso dicen, no me pidan cuentas a mí.

—Duerme, duerme con ellos —me decía Diego—: calientan y quitan el reumatismo.

181

*No sé. ¿Pensaría Diego Rivera que yo era una niña reumática?
Así que dormí con los dichosos perros... A Frida le encantaban
aquellas figurillas de barro pintado, los tenía en una repisa,
como en un nicho. Y al día siguiente me levanté y desayuné con
Frida. Ella, en la cama, y yo, en una mesita, me tomé mi café, y
platicamos, y platicamos, y hablamos de muchas cosas, de arte,
de... Me enseñó sus cuadros. Era la primera vez que visitaba
aquella casa y, tal vez, era la primera vez que veía un cuadro de
Frida Kahlo. Me enseñó también el estudio... Lo había mandado
hacer Diego, creo, para que Frida se encontrara a gusto y no
tuviera que dejar la casa. Me enseñó toda la estancia, y el estudio
de Diego. Ahora Diego Rivera es toda una institución en México,
pero entonces lo era aún más. Sus obras, aquí y en otros lugares
del mundo, causaban sensación (...). Dicen que Diego era un despilfarrador, que no se ocupaba del dinero. Yo eso no lo sé —ni me
importa—, pero lo comprendo bien: a mí me ha pasado otro tanto,
y como nunca me he ocupado de las monedonas, tampoco las he
tenido nunca. O las he gastado, o me las he bebido, o las he dado
para que otros bebieran, o las he perdido, o las he regalado, o me
las han robado. Que de todo ha habido. Pero, ustedes lo saben:
que hay personas que no dan con el dinero, qué le vamos a hacer.
Los que se ocupan del dinero no se ocupan de otras cosas. Dicen
que era despilfarrador porque gastaba mucho dinero en obras de
arte, supongo. Lo que yo sé es que lo llamaban «viejo codo»: les
hacía listas para comprar. A Frida le daba dos pesos por semana
para el gasto. Y a Lupe —su mujer, con la que tuvo dos hijas—,
uno cincuenta (...). Aquella casa era como un sueño, con tantos
objetos, con figuras, cuadros, piezas de arte indígenas, los colores. Vivíamos como en un sueño. (André Breton sonreiría si
pudiera leer esto, pero para Frida sus sueños eran la única posibilidad de vivir: los sueños eran su vida). Como fuera de la realidad se vivía con ellos. Y yo, que soy muy dada a vivir fuera de la
dimensión en que vivo... Conocí muchas cosas, aprendí muchas
cosas. Era un mundo diferente al mío; yo era una niña que no
conocía la cultura mexicana, y ellos me la enseñaron, me la enseñaron de verdad. Yo aprendí con Frida y con Diego. Hasta el*

fondo. De los labios de los más grandes. Conocí el arte de labios
de los pintores, del alma de los pintores. No estoy segura de cómo
describirlo... el alma de Diego, el alma de Frida. Era como una
revelación, como si colocasen una luz en mi pecho. Fui feliz. Fui
feliz un verano.

Yo me sentaba junto a Frida y la veía pintar.

—¿Por qué pinta la señora esas cosas tan raras?

—Es un estilo nuevo, Chavela... Tú no lo entiendes. Ve a ver a
Diego.

—No; es verdad, no lo entiendo.

Y me iba a ver a Diego. En este caso, él era distinto. Le gustaba
hablar, no le molestaba platicar mientras estaba trabajando.

—Ven, Chavela. ¿Quieres que te cuente una historia? Llegó un
día una niña a la universidad, con las manitas atrás, así. Y llevaba
un cuadrito. «Préstame para verlo», le dije. «No, no, maestro. Yo
no lo quiero enseñar», me dijo. Y lo tapó así con el rebocito. Así
que tuve que quitárselo. Quedé... asombrado. ¡Era una maravilla,
Chavela, una maravilla! A esa edad: la niña Frida, mi Friducha
(...).

Cuando digo que mi estancia en la Casa Azul fue como un
sueño, no lo digo en tono metafórico. Lo digo porque realmente
era como un sueño (...). En cierta ocasión estábamos los tres en
el jardín: Frida, Diego y yo. Allí, como saben, había muchos ani-
males: monos, tortugas, perros, pájaros... En fin, una de las tor-
tugas estaba herida porque un perro le había mordido en la
cabeza. Así que Diego me aconsejó que me subiera encima de la
tortuga para poderle sacar la cabeza y sanarla.

—Eso es. Súbete encima, y desde arriba le jalas la cabeza... así.

Frida, mientras tanto, se había quitado el pie ortopédico y lo
tenía a la altura de los ojos, y lo miraba, no sé por qué. Y Diego,
con los pinceles en la mano, se había quedado con la mirada per-
dida. En esto llegó un periodista y quiso pasar la puerta del jar-
dín. Era un periodista muy importante de Suramérica.

—¡Oh, perdón...! Me equivoqué...

Aquel hombre estaba aterrorizado: vio un cuadro espantoso.

—Sí, sí. Pase, pase —le dije, subida en mi tortuga—. Si está buscando la casa de Frida Kahlo y Diego Rivera, ésta es.

—¿Y qué está usted haciendo subida en una tortuga? —me preguntó.

—¡Eh, no! ¡Usted no me pregunte a mí nada! ¡Si quiere entrevistar a la señora o al señor, ésta es su casa! ¡Pero a mí no me pregunte nada!

El hombre se echó un tanto para atrás, como acobardado, aterrado ante aquellos locos y, a pasitos, susurraba:

—No… si yo ya me iba…

Así era. Muy extraño, pero muy divertido. Para mí era una verdadera delicia. Surrealismo puro… Bueno, supongo que sí. Pero tal era la vida con ellos. Vida surrealista, vida intensa, intensa en todos los aspectos (…).

CRONOLOGÍA

1907   — Nace Magdalena Carmen Frieda Kahlo Calderón el 6 de julio en Coyoacán, un pueblo de la periferia e México.

1913   — Frida enferma de poliomielitis y, a consecuencia de ello, el pie derecho lo tiene levemente deformado.

     — Asiste a la escuela primaria en el Colegio Alemán de México.

1922   — Ingresa en la Escuela Nacional Preparatoria siendo una de las 35 chicas que admite esta institución. Allí formará parte del grupo llamado Los Cachuchas y verá por primera vez a Diego Rivera, quién está pintando en la escuela un mural.

1925   — Sufre un aparatoso accidente de tráfico el 17 de septiembre mientras circulaba en tranvía junto a Alejandro Gómez Arias. Una barra de hierro la atraviesa y sobrevive milagrosamente. Pasa un mes hospitalizada.

1928   — Se hace miembro del Partido Comunista de México donde conoce a Diego Rivera. Ambos inician una relación y él la pinta en uno de sus murales.

1929   — Frida y Diego contraen matrimonio el 21 de agosto. Ante la expulsión de Rivera del partido, Frida decide abandonarlo también.

1930   — Frida sufre su primer aborto.

     — Rivera tiene trabajo en los Estados Unidos por lo que la pareja se traslada a finales de año a San Francisco.

1931 — Frida conoce al Doctor Eloesser, en quién depositará, de ahora en adelante, toda su confianza en cuestiones de salud. La artista sufre dolores y su pierna derecha empeora. El matrimonio regresa por poco tiempo a México.

1932 — Frida y Diego se trasladan a Detroit por cuestiones de trabajo de Rivera, allí Frida padecerá su segundo aborto estando en avanzado estado de gestación. La artista recoge ese episodio vivido en el cuadro *Henry Ford Hospital.*

— Por otro lado, la madre de Frida muere en septiembre cosa que hunde aún más el ánimo de Frida.

1933 — El matrimonio se traslada a Nueva York porque Diego tiene que pintar un mural en el Rockefeller Center.

— A finales de año vuelven a México y se compran una casa en el barrio de San Ángel.

1934 — La insistencia en tener hijos lleva a Frida a sufrir otro aborto. Su salud no es muy buena y debe ser operada del pie derecho, del que le amputan tres dedos.

— Su marido tiene una aventura con la hermana menor de Frida, Cristina, cosa que sume a Frida en una profunda depresión.

1935 — La artista abandona la casa de San Ángel para ir a vivir a un piso propio.

— Conoce al escultor Isamu Noguchi con quién vive una aventura y viaja con unas amigas a Nueva York.

1936 — Vuelve a la casa de San Ángel y es operada del pie derecho nuevamente.

— Colabora con los exiliados republicanos españoles formando un comité de solidaridad.

1937 — León Trotski llega con su esposa a México y el matrimonio Rivera-Kahlo los alberga en la Casa Azul.

186

1938 — André Breton y su mujer viajan también a México. Breton queda sorprendido por el arte de Frida a quién considera surrealista al cien por cien.
— A finales de año se lleva a cabo la primera exposición individual de Frida en Nueva York.
— La artista mantiene una relación amorosa con Nickolás Muray, fotógrafo.

1939 — Frida viaja a París donde expone sus trabajos y conoce a los pintores surrealistas. Al volver se instala en la casa de sus padres, la Casa Azul.
— A finales de año Frida y Diego se divorcian.

1940 — Viaja a San Francisco para ponerse en manos del Doctor Eloesser puesto que su salud ha empeorado.
— En diciembre vuelve a contraer matrimonio con Diego.

1941 — Muere el padre de Frida y, desde ese momento, la pareja vivirá en la Casa Azul.

1942 — Frida inicia la escritura de su diario y es elegida miembro del Seminario de Cultura Mexicana.

1943 — Es llamada para ser maestra en la Escuela de Arte La Esmeralda pero su salud la obliga a dar las clases en su casa.

1946 — El Ministerio de Cultura la galardona con el premio nacional de pintura por su obra *Moisés*.
— Frida es operada de la columna vertebral en Nueva York.

1948 — Forma parte de nuevo del Partido Comunista de México.

1950 — Durante este año Frida es operada siete veces de la columna y permanece por ello nueve meses en el hospital.

1951 — A su salida del hospital sólo puede desplazarse en silla de ruedas.

1953 — Lola Álvarez Bravo organiza la primera exposición individual de Frida en México. Contrariando los consejos médicos, la artista no se pierde la inauguración aunque acude en su cama.

— Finalmente los médicos le aconsejan que lo mejor es que le amputen la pierna derecha y Frida, muy a su pesar, accede a ello.

1954 — Realiza su última aparición en público asistiendo, con una infección pulmonar, a la manifestación contra la intervención de los americanos en Guatemala.

— Celebra su 47º aniversario y muere al cabo de pocos días, el 13 de julio, en la Casa Azul.

BIBLIOGRAFÍA

BARTRA, E.: *FRIDA KAHLO Mujer, ideología, arte,* Icaria Editorial S. A., 1994.

JAMIS, R.:, *Frida Kahlo.* 18.ª ed., Circe Ediciones S.A., 1988.

KAHLO, F.: *El diario de Frida Kahlo, 1944-1954.* Ed. Debate, 2002.

KAHLO, I. P.: *Frida íntima.* 1ª ed., Dipón — Gato azul, 2004.

KETTENMAN, A.: *Frida Kahlo. Dolor y pasión.* Taschen, 2003.

HERRERA, H.: *Frida: Una biografía de Frida Kahlo.* 1.ª ed., Editorial Planeta, S.A., 2002.

MÚJICA, B.: *Mi hermana Frida.* Plaza y Janés, 2001.

TIBOL, R.: *Escrituras de Frida Kahlo.* 3.ª ed., Plaza y Janés, 2004.

VARGAS, CH.: *Y si quieres saber de mi pasado.* Aguilar, 2002.

Muy recomendable es también la web:

www.fridakahlo.it